Kurt Hassert

Die neuen deutschen Erwerbungen in der Südsee: Die Karolinen, Marianen und Samoa-Inseln

DOGMA

Kurt Hassert

Die neuen deutschen Erwerbungen in der Südsee: Die Karolinen, Marianen und Samoa-Inseln

ISBN/EAN: 9783955077037

Auflage: 1

Erscheinungsjahr: 2012

Erscheinungsort: Bremen, Deutschland

Die neuen

DEUTSCHEN ERWERBUNGEN

in der Südsee:

Die

Karolinen, Marianen und Samoa-Inseln

von

Dr. Kurt Hassert

Professor der Geographie an der Handels-Hochschule zu Köln.

———————·———————

1903.

Verlag von Dr. Seele & Co.

Leipzig.

Vorwort.

Da mir aus verschiedenen Gründen, insbesondere wegen eines zweimaligen Wechsels des Wohnortes und wegen anderweiter litterarischer Arbeiten, die Bearbeitung einer zweiten Auflage meines Buches „Deutschlands Kolonien" (Leipzig 1899) bisher nicht möglich gewesen ist, so habe ich mich, einem langgehegten Wunsche der Verlagsbuchhandlung Rechnung tragend, entschlossen, wenigstens die neuesten deutschen Besitzungen im Stillen Ozean, die in jenem Buche noch nicht enthalten waren, in einer zusammenfassenden Übersicht zu schildern. Die Einteilung und Behandlung des Stoffes erfolgte nach denselben Grundsätzen wie bei „Deutschlands Kolonien". Karten und Abbildungen dagegen sind dem Nachtrag nicht beigegeben worden.

Köln, im November 1902.

K. Hassert.

Inhalt.

1. Die neuen deutschen Erwerbungen in der Südsee.

Das überseeische Deutschland hat seine hauptsächlichsten Grundlagen in Afrika, in Ostasien und in der Südsee. Von diesen drei Kolonial- und Interessengebieten hat die Südsee lange Zeit hindurch die Aufmerksamkeit am wenigsten auf sich gezogen, obgleich gerade die Verteidigung des deutschen Südseehandels schon in den siebziger Jahren des 19. Jahrhunderts unsere spät begonnene Kolonialpolitik einleitete. In neuester Zeit hat aber ein völliger Umschwung Platz gegriffen, und die Veränderungen, die so überraschend schnell und mit so ungeahnter Tragweite in der allgemeinen Weltlage eintraten, haben auch dem Stillen Ozean und damit der Stellung Deutschlands daselbst eine ganz andere Bedeutung verliehen. Denn die Herrschaft über den Stillen Ozean ist die Frage des 20. Jahrhunderts.

Noch vor wenigen Jahrzehnten war der Pacifik ein stilles Meer im wahrsten Sinne des Wortes. Handel und Verkehr schmiegten sich ängstlich an die Küsten und Inseln der ungeheuren, schwer erreichbaren und wenig belebten Wasserwüste mit ihrem gering entwickelten wirtschaftlichen Leben, um so mehr als die eingeborenen Südseevölker, die schiffahrtskundigen Malayen und Polynesier nicht ausgenommen, nur eine beschränkte Seetüchtigkeit entfalteten. Auch den Europäern galt bis zu Cooks berühmten Weltumsegelungen die Fahrt über den Pacifischen Ozean als ein Wagnis, so dass zwischen Asien und Amerika sehr geringe Beziehungen bestanden und der Pacifik eher ein völkertrennendes als ein völkerverbindendes Weltmeer war. Die Politik beschäftigte sich ebenfalls bloss vereinzelt mit jenen entlegenen Gegenden, die im Welthandel erst eine Rolle zu spielen begannen, als sich die Kopra in Europa bezahlt machte und als man die kräftigen Bewohner gewisser Inselgruppen als Pflanzungsarbeiter schätzen lernte. Spät und zögernd stellten sich dort Kaufmann und Missionar ein, und noch ein volles Jahrhundert sollte verstreichen, ehe das prophetische Wort unseres Georg Forster in Erfüllung ging, dass die Inselwelt der Südsee dereinst eine Königin der gesamten südlichen Welt werden würde.

Dieser Fall ist eingetreten mit den wirtschaftlichen und politischen

Folgen des Japanisch-Chinesischen Krieges und des Boxeraufstandes. Erst ein kommendes Geschlecht kann voll und ganz die weittragende Bedeutung jener Ereignisse erkennen, welche die ganze mongolische Welt wie aus tiefem Schlummer erweckt und sie aus vereinsamter Ferne in den Mittelpunkt des Weltverkehrs, Welthandels und der Weltpolitik gerückt haben. Das ungeheure Chinesische Reich, das in Jahrtausende langer strenger Absperrung sich selbst genügte, ist europäischen Einflüssen zugänglich gemacht worden, und als jüngste Grossmacht ist Japan selbstbewusst auf dem Plan erschienen, ein moderner Kulturstaat, der in kluger Weise abendländische Kultur und europäisches Wissen nicht bloss nachäfft, sondern sich ihnen mit Wahrung seiner nationalen Besonderheiten zweckmässig anpasst.

Infolge jener Umwälzungen ist aber auch die Südsee erwacht und in die Weltgeschichte eingetreten; und wenn nicht alle Anzeichen trügen, so beginnt dort eine neue Zeit, etwa derjenigen vergleichbar, die durch die Auffindung des Seeweges nach Ostindien und die Entdeckung Amerikas am Ende des 15. Jahrhunderts angebahnt wurde. Fast scheint es, als ob nach der mehr oder minder gewaltsamen Erschliessung Chinas, die von allen Seiten her einen mächtigen Verkehrsstrom anzieht, der Pacifik den Atlantischen Ozean, der bisher der eigentliche Schauplatz des Weltverkehrs war, allmählich ablösen wird, genau so wie im Entdeckungszeitalter der Atlantische Ozean das Mittelmeer überflügelte.

Ein scharf beobachtender, weitblickender Staatsmann, der diesen grossartigen, Europas Vormachtsstellung schwer bedrohenden Umwandelungsprozess vor sich gehen, der einen neuen weltgeschichtlichen Schauplatz und neue Wirtschaftsgebiete entstehen sieht, muss rechtzeitig Vorkehrungen treffen, um den Thatsachen Rechnung zu tragen und seinem Volk den notwendigen Platz an der Sonne zu sichern. Das hat unsere Politik gethan. Zu einer Zeit, wo alle Grossmächte darnach trachten, sich im Pacifik festzusetzen und den zukunftsvollen Südseehandel in ihre Hand zu bringen, hat auch die Reichsregierung nicht versäumt, den deutschen Interessen im Stillen Ozean eine feste Stellung zu schaffen. Die Einreihung der Karolinen, Marianen und Samoa-Inseln in unsern Südseebesitz, der bisher mit der Marshall-Gruppe und dem Schutzgebiet der Neu Guinea-Kompagnie ohne rechten Zusammenhang war, hat ein einheitliches, in sich geschlossenes Kolonialland entstehen lassen. Im Süden sind Kaiser Wilhelmsland und der Bismarck-Archipel, die nicht nur räumlich, sondern auch wirtschaftlich die erste Stelle einnehmen, die wesentlichsten Stützpunkte und der Kern unseres Südseereiches.

Im Westen breiten sich die Karolinen mit ihren sicheren Häfen aus, im Norden bildet Kiautschou die Eingangspforte für ein gewaltiges Handelsgebiet, und im Osten erscheint Samoa wie ein Wegweiser zum Mittelamerikanischen Weltmeerkanal. Seine Vollendung wird das Verkehrsleben der Südsee, aber freilich auch den Einfluss der Vereinigten Staaten entschieden fördern, die deshalb das lebhafteste Interesse am Bau und Besitz des Panama-Kanals haben.

Die Politik der Vereinigten Staaten ist von dem Bedürfnis getragen, im Westen, im Bereich des Stillen Ozeans, denjenigen Einfluss zu gewinnen, den ihnen im Osten, im Gebiet des Atlantischen Ozeans, die europäischen Staaten beeinträchtigen. Obendrein führt durch den Pacifik der Weg von der wirtschaftlichen Weltmacht der Zukunft, Amerika, zum wichtigsten Absatzgebiet der Zukunft, Ostasien: ein Weg, der in seinen Hauptrichtungen durch die amerikanischen Etappenpunkte Hawaii, Tutuila, Guam und die Philippinen bereits vorgezeichnet ist.

Ein zweiter durchaus nicht verächtlicher Mitbewerber im Kampf um den Stillen Ozean ist Russland, das durch sein kraftvolles, zielbewusstes Vorgehen seinen pacifischen Küstenbesitz aus eisumstarrten, schwer zugänglichen Gebieten in südlichere Gegenden vorgeschoben hat, die ihm die Herrschaft über Ostasien sichern. Namentlich seit der Fertigstellung der sibirischen Eisenbahn und der Besetzung der Mandschurei treten die Russen dort immer mehr als gebietende Herren auf.

Die dritte und älteste pacifische Grossmacht, die, allen anderen Staaten voraneilend, zuerst auf dem Australischen Festland Fuss fasste und dann einen nicht unerheblichen Teil der Pacifischen Inselflur an sich brachte, ist England bezw. der neue Britisch-Australische Staatenbund. Als jüngster Nebenbuhler und als Bundesgenosse Englands ist endlich Japan zu nennen, das schon durch seine Lage auf die wirtschaftliche und politische Mitherrschaft über die Südsee hingewiesen wird.

So stehen sich heute im und am Pacifik zwei gewichtige Elemente kampfbereit einander gegenüber, hier die alteingesessene gelbe Rasse, vertreten durch Japan und China, dort die neu angekommene weisse Rasse, vertreten durch Engländer, Franzosen, Russen, Amerikaner und Deutsche[1]). Der Stille Ozean ist über Nacht zum Tummelplatz der verschiedenartigsten, sich durchkreuzenden Interessen geworden, und im Mittel- und Schnittpunkt dieser Gegensätze steht vermöge seiner geographischen Lage der deutsche Südseeanteil. —

---

[1]) Der elend verwaltete spanische Südseebesitz ist nach dem Zusammenbruch des spanischen Kolonialreichs in deutsche und amerikanische Hände übergegangen.

Das deutsch-englische Abkommen vom Jahre 1885 hatte uns einen Raum als Interessengebiet zugesprochen, in welchem auf der einen Seite die eng zusammengehörigen Gebiete Kaiser Wilhelmslandes und des Bismarck-Archipels, auf der andern die wirtschaftlich ein Ganzes bildenden Karolinen und Marshall-Inseln lagen. Die Besitznahme der Karolinen stiess aber auf unerwartete Schwierigkeiten.

Nachdem nämlich der Portugiese Diego da Roche, die Spanier Saavedra, Salazar und eine Reihe anderer spanischer Seefahrer im Entdeckungszeitalter einige Eilande der Karolinen aufgefunden hatten, nahmen die Spanier von der Inselflur Besitz. Doch wurden die Entdeckungen nicht weiter verfolgt, weil lockende Schätze auf den einsamen Inseln nicht zu finden waren und der Seeverkehr zwischen Mexiko und den Philippinen nördlichere Wege aufsuchte. Erst in der zweiten Hälfte des 17. Jahrhunderts, nach der endgültigen Besetzung der 1521 von Magellan entdeckten Marianen, trat Spanien in nähere Beziehungen zu den Karolinen, und zwar erfolgte diese Annäherung durch die Mission, indem spanische Jesuiten die Eingeborenen gewaltsam zum Christentum bekehren wollten. Aber ihr Vorhaben scheiterte nach einer Reihe misslungener Versuche; und als 1733 wiederum mehrere Missionare — darunter Pater Cantova, ein vortrefflicher Mann, der damals die vollständigsten Nachrichten über den Archipel sammelte — ermordet wurden, ohne dass man ihren Tod gerächt hätte, geschah seitens Spaniens nichts mehr, um die Karolinen zu kolonisieren oder Hoheitsrechte auf ihnen auszuüben.[1])

---

[1]) Auch die weitere Erforschung des Archipels geriet infolgedessen völlig ins Stocken. Erst 1783 entdeckte der englische Kapitän Wilson gelegentlich eines Schiffbruches die Palau-Inseln, und der Amerikaner Mortlock fand die nach ihm benannte Gruppe. Doch wirkten diese und die späteren Entdeckungen eher verwirrend als klärend, weil man die zahllosen Inselchen astronomisch und kartographisch nicht mit Sicherheit festzulegen vermochte, weshalb sie wiederholt entdeckt und sehr verschieden benannt wurden. Gründlichere Untersuchungen verdankt man dem russischen Kapitän Otto v. Kotzebue, an dessen Weltumsegelung auch der Dichter und Naturforscher Adalbert v. Chamisso teilnahm, und dem Franzosen Duperrey. Am glänzendsten waren jedoch die Leistungen des russischen Kapitäns Lütke und seines deutschen Begleiters v. Kittlitz, die 1827/28 auf der Korvette „Senjavin" die gesamte Inselflur durchkreuzten und die noch heute unentbehrliche Grundlage für deren geographische Kenntnis schufen. Die wissenschaftliche Spezialerforschung der Palaus wurde in erster Linie von dem deutschen Zoologen Karl Semper, die der Karolinen durch Dumont d'Urville und die Vermessungen des englischen Kriegsschiffes „Larne", ferner durch den Kaufmann Hernsheim und den amerikanischen Missionar Dr. Gulick durchgeführt. In jüngster Zeit haben sich zwei Forscher besondere Verdienste um die Karolinen erworben: der Reisende Kubary, der 15 Jahre hindurch vornehmlich als Sammler für das um die

Erst seit 1852 begannen protestantische Sendboten der amerikanischen Hawaii-Mission zu Boston (American Board of Commissioners for Foreign Mission) auf Ponape und Kusaie eine im allgemeinen erfolgreiche Wirksamkeit, worauf die Spanier 1875 bei einem diplomatischen Streit mit Deutschland und England ihre Besitzansprüche auf die Karolinen wiederum geltend machten. Gelegentlich der Ausklärierung einiger deutscher und britischer Handelsschiffe nahm nämlich der spanische Konsul in Hongkong plötzlich die Oberherrschaft und das Zollerhebungsrecht Spaniens für den Archipel in Anspruch, trotzdem sich weder ein spanischer Beamter noch Soldat, folglich auch keine spanische Regierungsgewalt dort befand. Obwohl beide Mächte Verwahrung einlegten und die spanischen Besitzansprüche nicht anerkannten, hielt es Spanien nicht der Mühe für wert, die ihm überreichten Noten zu beantworten. Somit sahen Deutschland und England die Inselgruppe als herrenlos an, zumal seitens Spaniens nichts geschah, was man als ein Zeichen thatsächlicher Besitzergreifung hätte deuten können. 1882 unternahm sogar ein britisches Kriegsschiff eine Strafexpedition nach den Palau-Inseln, ohne dass Spanien Einwendungen erhoben hätte. Erst zwei Jahre später teilte ein spanisches Kriegsschiff an die Häuptlinge mehrerer Karolinen-Inseln spanische Flaggen aus.

Deutschland hatte bisher keine erheblichen Interessen an der Inselflur gehabt, die erst mit dem raschen Ausbreiten des deutschen Südseehandels erhöhte Bedeutung gewann, so dass sich das Reich 1885 auf Grund des Abkommens mit England zu deren Besitznahme entschloss. Denn einmal waren die Karolinen wirtschaftlich grösstenteils, mit 80 $\%$ der Handelsbewegung, bereits in deutschen Händen, und dann trat der dort ansässige Händler O'Keefe gegen Konkurrenten wie gegen die Eingeborenen so rücksichtslos auf, dass ein Einschreiten dringend geboten schien.

Inzwischen hatte aber in Spanien eine gereizte Stimmung gegen Deutschland Platz gegriffen, die durch von aussen hereingetragene Ursachen genährt und verschärft wurde. Als nun die deutsche Regierung der spanischen in freundschaftlichster Weise mitteilte, dass sie die Besetzung der Karolinen beabsichtige und ihren Kriegsschiffen die entsprechenden Weisungen gegeben habe, beschloss der später von den Anarchisten ermordete Minister Canovas de Castillo, diesem Vorhaben

Südseeforschung hochverdiente Hamburger Handelshaus Godeffroy thätig war, und der englische Missionar Christian, der 9 Jahre lang auf der Inselflur weilte.

zuvorzukommen und dadurch seine aus mancherlei Gründen wankend gewordene Stellung wieder zu festigen. Er protestierte unter Hinweis auf ältere spanische Rechte gegen Deutschlands Vorgehen und beauftragte den Gouverneur der Philippinen, die Inselgruppe sofort zu annektieren. Zu sehr gelegener Zeit fand sich auch ein Schriftstück vor, nach welchem spanische Kriegsschiffe schon vor fünf Monaten von den Karolinen Besitz genommen hätten.

Um seinen Forderungen grösseren Nachdruck zu verleihen, reizte der Minister die öffentliche Meinung auf. Eine heftige Pressfehde gegen Deutschland setzte ein, und in Madrid erfolgte eine grosse deutschfeindliche Demonstration, an der über 30000 Menschen teilnahmen. Einige Zeitungen verlangten sogar, der deutsche Gesandte solle seine Pässe erhalten und König Alfons XII. seine deutschen Orden zurückgeben, und einer der Hauptschreier, der General Salamanca, schickte das ihm verliehene Grosskreuz des Roten Adlerordens mit einem Begleitschreiben zurück, in dem es u. a. hiess: „Die von dem deutschen Geschwader auf den Karolinen verübte That, welche die rudimentärsten Gefühle der Freundschaft und des Völkerrechtes verletzt, entzieht besagter Dekoration den einzigen Grund, der mir gestattete, sie ohne Schädigung meiner Ehre anzulegen. Deshalb gebe ich sie zurück, indem ich mir vornehme, die Lücke, die dadurch auf meiner Brust entsteht, durch eine andere, im Kampf gegen Deutschland erworbene Auszeichnung auszufüllen." Als General v. Loë, an den Brief und Orden zur Weitergabe abgesandt waren, Aufklärung forderte, lenkte der Prahler ein, wurde aber trotzdem als Patriot gepriesen und mit Albums und Ehrensäbeln beschenkt. Da er ungeachtet verschiedener Bemühungen seinen Orden nicht los werden konnte, erbarmte sich schliesslich die Preussische Regierung seiner und teilte ihm mit, dass er auf seinen Wunsch aus der Liste der Träger des Roten Adlerordens gestrichen sei.

Inzwischen zog die Bewegung immer weitere Kreise und erreichte ihren Höhepunkt, als die Nachricht einlief, dass das deutsche Kanonenboot „Iltis" im Angesicht zweier spanischer Kriegsschiffe auf der Insel Yap die deutsche Flagge gehisst habe. Wohl hatten die wenige Tage vorher angekommenen Spanier bereits Baumaterial und einige Haustiere ausgeladen, doch war die eigentliche Besitzergreifung noch nicht vollzogen, und nunmehr kamen ihnen die Deutschen zuvor. Diese Thatsache wirkte in Madrid wie ein Donnerschlag. Wütende Volksmassen warfen die Fenster der deutschen Gesandtschaft ein, rissen Wappen und Fahnenstock herab und verbrannten sie unter den Rufen: Nieder mit

Deutschland! Krieg mit Deutschland! Dann brachte die Menge vor der französischen Gesandtschaft eine Ovation aus und konnte erst später durch Militär langsam zurückgedrängt werden.

In Deutschland hatte man die ganze Angelegenheit sehr ruhig und zurückhaltend aufgefasst. Nachdem Fürst Bismarck für die der deutschen Gesandtschaft zugefügte Beleidigung Genugthuung erhalten hatte, erklärte er sich bereit, die Streitfrage einem Schiedsgericht zu unterbreiten, und nach längeren Verhandlungen wurde Papst Leo XIII. als Vermittler gewählt. Nach eingehender Prüfung kam er zu folgender, von beiden Mächten angenommenen Entscheidung: Auf Grund der in neuester Zeit vollzogenen Akte und aus älteren Ansprüchen ist Spanien die Oberhoheit über die Karolinen zuzuerkennen.[1]) Doch verpflichtet es sich, dort baldmöglichst eine geordnete und zum Schutz der Europäer ausreichende Verwaltung einzurichten. Deutschland bekommt volle Freiheit des Handels, der Schiffahrt, der Gründung von Plantagen u. s. w. in derselben Weise wie spanische Unterthanen und erhält das Recht zur Anlage einer Schiffs- und Kohlenstation. Doch machte es auf Wunsch Spaniens von dieser letzten Vergünstigung nach der Erwerbung der Marshall-Inseln keinen Gebrauch.

So klang der leidige Zwischenfall friedlich aus, und es war ein Zusammenstoss vermieden, der die Handelsbeziehungen beider Länder, insbesondere unsere sehr beträchtliche Einfuhr nach Spanien, ohne Zweifel schwer geschädigt haben würde. Um einen solchen Preis und im Hinblick auf die gewährten Zugeständnisse kam der Verzicht auf die kleine Inselgruppe mit ihrem geringfügigen Handelsumsatz kaum in Betracht. In den spanischen Theatern konnte man in jener Zeit öfters eine Posse hören, in der sich die Kinder Hispania und Germania um die Puppe Carolina zankten, bis Papa kam und den weisen Spruch fällte, die Puppe gehöre der Hispania, Germania aber dürfe mit ihr spielen. —

---

[1]) Wenn der Papst in seinem schiedsrichterlichen Gutachten auf die Handlungen hinwies, die Spanien zu verschiedenen Zeiten zum Wohle der Karolinier vorgenommen haben soll, und wenn er den wohlthätigen, auf die Eingeborenen unverkennbaren Einfluss rühmt, so kann sich das wohl nur auf die verunglückten Missionsversuche beziehen. Will man indes religiösen Unternehmungen überhaupt politische Rechtsansprüche beilegen, so hätte sie die amerikanische Mission am meisten verdient. Wie die Spanier im übrigen zum Wohl der Eingeborenen sorgten, das beweisen die von ihnen fast ganz ausgerotteten Marianen-Insulaner. Auch den Karoliniern würde es nach den Erfahrungen der letzten Jahre kaum anders ergangen sein.

Auch nach dem Schiedsspruch kümmerte man sich in Spanien zunächst wenig um den so lange vernachlässigten und darum in seiner politischen Zugehörigkeit zweifelhaft gewordenen Besitz, der erst dann etwas an Wert gewann, als er für eine andere Macht begehrenswert erschien. Im Juli 1886 landete endlich ein spanisches Kriegsschiff auf Ponape Beamte, Soldaten und Sträflinge. Allein mit dem nunmehr erfolgten wirklichen Einzug der spanischen Herrschaft war der Friede vorüber, ohne dass die Inselflur dem Mutterlande erheblich näher gerückt worden wäre. Im Gegenteil, man sah sich sehr bald in die Notwendigkeit versetzt, in der unruhigen Kolonie, deren Behauptung viele Menschenleben kostete, zwei starke Militärstationen zu errichten, während der Handel ganz und gar von Fremden, vorwaltend von deutschen Firmen betrieben wurde. Im folgenden Jahr wurde an der Nordküste von Ponape die Niederlassung Santiago angelegt und von spanischen Kapuzinern eine Missionsstation gegründet, die, wie zu erwarten, sehr bald mit den protestantischen Sendboten der bereits dort ansässigen Bostoner Mission in Streit geriet. Der spanische Gouverneur liess die amerikanische Missionsanstalt mit Beschlag belegen und deren Leiter, als er Verwahrung einlegte, als Gefangenen nach den Philippinen bringen unter der Beschuldigung, er habe die Eingeborenen zum Aufruhr verleitet. So ging trotz zugesicherter Religionsfreiheit das 35jährige Bekehrungswerk der Bostoner Mission auf Ponape wieder zu Grunde. Die von Haus aus friedfertigen Insulaner wurden ebenfalls in so herausfordernder Weise behandelt, dass sie nach kaum drei Monaten verzweiflungsvoll zu den Waffen griffen und sich in offener Empörung gegen ihre Bedrücker auflehnten. Nachdem sie eine spanische Truppenabteilung aus dem Hinterhalt überfallen und aufgerieben hatten, erstürmten sie die Festung Santiago, wobei der Gouverneur und 20 Soldaten niedergemetzelt wurden. Die amerikanischen Missionare, in denen die Eingeborenen ihre natürlichen Freunde sahen, blieben unbelästigt, und der Aufstand brach auch gerade am 4. Juli, dem amerikanischen Nationalfest, aus, was damals auf Ponape viel zu denken gab.

Das erwartete Strafgericht trat nicht ein, weil der neue Gouverneur trotz der ihm zugewiesenen Truppenmacht von 600 Mann mit Unterstützung der sprachkundigen amerikanischen Missionare, deren Oberhaupt wieder freigelassen wurde, den Zwist friedlich beilegte. Doch bald begann die Gärung von neuem. Denn die Kolonie sollte in echt spanischer Weise fiskalisch ausgenutzt werden, zu welchem Zwecke man drückende Steuern, harte Frondienste verschiedener Art und ein an Sklaverei grenzendes Arbeitssystem einzuführen suchte. Im Jahr 1890 brach ein zweiter grosser Aufstand aus, und in mehreren Zusammenstössen fochten die trägen, feigen Insulaner mit solchem Mute, dass über 160 Soldaten das Leben verloren. Natürlich waren auf seiten der schlecht bewaffneten Eingeborenen, deren Widerstand von den namhaft verstärkten Spaniern blutig niedergeschlagen wurde, die Verluste weit grösser. Immerhin erforderte die feindselige Stimmung der Unterworfenen die ständige Anwesenheit einer über 800 Mann zählenden Besatzung, und da der noch dazu mit einem kostspieligen Beamtenapparat verwaltete Besitz nur Unkosten verursachte, ohne etwas einzubringen, so war man schliesslich froh, als sich eine Gelegenheit fand, um sich der einst so stürmisch begehrten Kolonie mit Vorteil entäussern zu können.

Der verhängnisvolle Ausgang des spanisch-amerikanischen Krieges hatte Spanien um die letzten bedeutenderen Reste seines einst so gewaltigen Kolonialreiches gebracht. Ausser einigen wenig wertvollen Besitzungen blieben ihm in Asien bloss noch die Karolinen und die kleineren Inseln der Marianen, da die grösste Insel der letzteren Gruppe, Guam, und die Philippinen von den siegreichen Vereinigten Staaten behalten wurden. Mit geschickter und schneller Benutzung der politischen Verhältnisse entschloss sich nun die Reichsregierung, die in Deutschland immer populär gebliebenen Karolinen auf friedlichem Wege zu erwerben, und entsandte noch während des Krieges ein Kriegsschiff zu einer längeren Erkundungsfahrt in die dortigen Gewässer. Anfangs erhoben sich nicht geringe Schwierigkeiten. Doch konnte das Auswärtige Amt nach dreivierteljährigen Verhandlungen endlich mit Befriedigung wahrnehmen, dass die Vereinigten Staaten ein anerkennenswertes Entgegenkommen zeigten, während die Spanier, die einen Kaufpreis von 40 Millionen Pesetas verlangt hatten, von ihren Forderungen erheblich nachliessen. Nachdem dafür gesorgt war, dass der Widerspruch anderer Mächte kein Hindernis bereitete, kam am 30. Juni 1899 der Vertrag mit Spanien zu stande, durch den eine Inselgruppe endgültig deutsches Eigentum wurde, von der im Jahre 1885 niemand ahnen konnte, dass sie die Spanier 14 Jahre später freiwillig an ihren alten Gegner abtreten würden. Deutschland erhielt gegen eine Geldentschädigung von 25 Millionen Pesetas (16 750 000 Mark), die der Reichstag in einem Nachtragsetat genehmigte, die Karolinen und Marianen mit Ausnahme Guams samt allen Hoheitsrechten. Andererseits gewährte es spanischen Handels- und Wirtschaftsunternehmungen und spanischen religiösen Ordensgesellschaften dieselben Vergünstigungen wie den eigenen

Unterthanen. Endlich sicherte sich Spanien das Recht, auf den Inselgruppen drei Kohlenstationen für seine Kriegs- und Handelsmarine anzulegen und sie auch in Kriegszeiten behalten zu dürfen.

So hatte unsere Diplomatie einen erfreulichen Erfolg errungen. In Spanien rief der Vertrag keine besondere Misstimmung oder Überraschung hervor, da man im Weiterbesitz jener Archipele keine wirtschaftlichen Vorteile mehr sah. War doch unmittelbar vor Beginn des spanisch-amerikanischen Krieges und wiederum aus religiösen Gründen ein neuer Aufstand ausgebrochen, der zu einer empfindlichen Niederlage der Spanier und zur Belagerung von Santiago führte! Seit der Abtretung ist aber sofort Ruhe und Ordnung auf der Inselgruppe eingekehrt, obwohl die deutsche Verwaltung mit den einfachsten Mitteln arbeitet und auf die Anwesenheit einer starken Militärmacht von vornherein verzichtet. Die neuen Erwerbungen unterstehen dem kaiserlichen Gouvernement in Herbertshöhe. Doch ist wegen der grossen Entfernung des Hauptverwaltungssitzes den Beamten möglichste Selbständigkeit gelassen und die weiterzerstreute Inselflur, wie schon in spanischer Zeit, in drei durch die geographischen Verhältnisse bedingte Verwaltungsbezirke eingeteilt worden. Die Marianen und die westlichen Karolinen sind Bezirkshauptleuten unterstellt und werden von Saipan und Yap aus verwaltet. Der dritte und wichtigste Bezirk umfasst die östlichen Karolinen und hat einen Vizegouverneur für das ganze Schutzgebiet mit dem Sitz in Ponape.

Im gleichen Jahre erfolgte im Stillen Ozean noch eine zweite Erwerbung, die in Deutschland ebenfalls mit lebhafter Genugthuung begrüsst wurde: Der Gewinn der Samoa-Inseln, die so lange ein Schmerzenskind unserer Kolonialpolitik gewesen waren.

Wegen seiner zentralen Lage inmitten der Inselwolken des Pacifik und wegen der Fruchtbarkeit seines Bodens war der Archipel seit dem Ausgang der 50er Jahre der Mittelpunkt für die grossartigste kaufmännische Unternehmung innerhalb des Südseegebietes, das Hamburger Handelshaus César Godeffroy, geworden. Der deutsche Handel war auf Samoa der älteste und bedeutendste, der deutsche Plantagenbesitz der ausgedehnteste und am besten entwickelte; auch der Kopfzahl nach standen dort die Deutschen an erster Stelle. Leider hatte das Reich den rechten Augenblick zur Besetzung Samoas versäumt und sich mit einem Handels- und Freundschaftsvertrag begnügt, der ihm eine für die kohlenarme Südsee nicht unwichtige Kohlenstation, den Hafen Saluafata, und die volle Gleichberechtigung mit England und Amerika sicherte, die wiederholt die Inselgruppe an sich zu bringen versucht hatten.

Da boten die Zahlungsschwierigkeiten der durch schwere Verluste infolge des Sinkens der Koprapreise erschütterten Firma Godeffroy eine willkommene Gelegenheit, Samoa unter deutschen Schutz zu stellen und damit der Gefahr vorzubeugen, dass der umfangreiche Landbesitz jenes Hauses und im Anschluss daran die politische Besitzergreifung des Archipels an England übergehen würde. Um diesen vernichtenden Schlag von der allgemein anerkannten und bewunderten deutschen Kulturarbeit abzuwenden, brachte der Reichskanzler Fürst Bismarck 1880 die sogenannte Samoavorlage im Reichstag ein. Allein der freisinnige Abgeordnete Bamberger setzte die Ablehnung derselben durch; und wenn auch der bedrohte Besitz von der deutschen Handels- und Plantagengesellschaft für die Südsee übernommen wurde, so begann doch seitdem für die deutschen Interessen auf Samoa und für die Inselflur selbst eine lange Leidensgeschichte. Denn die Nebenbuhlerschaft der drei an Samoa interessierten Mächte Deutschland, England und Amerika nahm nicht bloss ihren Fortgang, sondern spitzte sich noch zu, indem die Briten und Amerikaner in immer schärferen Wettbewerb mit dem deutschen Einfluss traten, dessen rasches Anwachsen sie schon lange missgünstig verfolgten. Eine erwünschte Handhabe hierfür waren die von jeher unter den Eingeborenen herrschenden Zwistigkeiten, die aber erst dann für den europäischen Handels- und Pflanzungsbetrieb verhängnisvoll wurden, als sie das politische Ränkespiel sich dienstbar gemacht hatte. Fortan war der Friede von den Inseln geflohen. Unaufhörliche Kriegswirren zerrütteten bis in die neueste Zeit den Wohlstand der Ansiedler und der Insulaner und untergruben das gute Einvernehmen, das zwischen ihnen bisher bestanden hatte.

Statt eines allgemein anerkannten Oberkönigs gab es auf Samoa drei grosse Parteien, deren Oberhäupter den Titel Malietoa, Tamasese und Mataafa führten und sich gegenseitig erbittert befehdeten, weil keiner sich dem andern unterordnen wollte. Der von den drei Mächten als Vertragskönig proklamierte Malietoa Laupepa wurde vollständig von England und Neuseeland gewonnen und wiederholt veranlasst, die britische Regierung um Einverleibung Samoas zu bitten. Obwohl dieses Vorhaben stets an dem nachdrücklichen Widerspruch Deutschlands scheiterte, fühlte sich der König infolge der ununterbrochenen Aufhetzungen so mächtig, dass sein feindseliges anmassendes Auftreten ein bewaffnetes Einschreiten des Generalkonsuls Dr. Stuebel, unseres jetzigen Kolonialdirektors, veranlasste. Nunmehr stellten sich die Engländer und Amerikaner offen auf Malietoas Seite und erkannten ihn damit in aller Form als Gegner der Deutschen an, deren Bundesgenosse Tamasese, der alte Widersacher Malietoas, war. 1887 glaubten die Engländer ihren Schützling dem Ziele nahe zu sehen und spornten ihn zu energischem Vorgehen an. Als er indes Gewaltthätigkeiten gegen die deutschen Pflanzungen begann und die geforderte Genugthuung verweigerte, wurde er zum Erstaunen und Missbehagen seiner Protektoren von den Deutschen gefangen genommen und in die Verbannung geschickt.

Leider wurden dadurch die Zustände nicht besser, indem dem deutscherseits anerkannten und von der grossen Mehrheit der samoanischen Häuptlinge gewählten Tamasese ein Gegenkönig in dem von den beiden anderen Mächten begünstigten Mataafa erwuchs, der einen regelrechten Krieg gegen Tamasese begann und den deutschen Plantagenbetrieb ebenfalls empfindlich schädigte. Um Leben und Eigentum der Unterthanen zu schützen und Mataafa gewaltsam zu entwaffnen, wurde auf Veranlassung des deutschen Konsuls Dr. Knappe eine Truppenabteilung gelandet, die aber in einen Hinterhalt geriet und trotz anerkennenswerter Tapferkeit gegen die von dem Amerikaner Klein, einem heruntergekommenen Zeitungsreporter, geführte Übermacht 1888 bei Vailele eine verlustreiche Niederlage erlitt. Sie vereitelte nicht nur die geplante Entwaffnung der Gegenpartei, sondern kostete auch zwei Offizieren und 15 Mann das Leben, während ein Offizier und 38 Mann verwundet wurden. Dreien der Getöteten war von den Samoanern der Kopf abgeschnitten, einem der Hals durchgeschnitten worden. England und Amerika waren natürlich über Deutschlands Vorgehen empört und setzten die Abberufung des Konsuls Knappe durch, der in schwieriger Lage durchaus richtig gehandelt hatte und später wegen seiner Verdienste in allen Ehren rehabilitiert wurde. Um das Unglück voll zu machen, brach im März 1889 ein furchtbarer Orkan aus, der die deutschen Kriegsschiffe „Adler" und „Eber" und zwei amerikanische Kriegsschiffe an den Korallenriffen des Hafens von Apia zerschellte. 93 deutsche und 117 amerikanische Seeleute fanden dabei den Tod in den Wellen. Ausserdem gingen sämtliche auf der Reede befindlichen Handelsschiffe unter oder strandeten. Uneingeschränktes Lob verdiente bei dieser schrecklichen Katastrophe das Verhalten der Samoaner, die, alle Feindschaft vergessend, sich todesmutig an dem Rettungswerk beteiligten und als tollkühne Schwimmer furchtlos ihr Leben einsetzten, um ohne Unterschied Freund und Feind dem gierigen Ozean zu entreissen.

Um den Wirren endlich Einhalt zu thun, traten die Bevollmächtigten der drei Schutzstaaten in Berlin zur Samoakonferenz zusammen, die ein grosses freiwilliges Opfer Deutschlands bedeutete, weil England und die Vereinigten Staaten nach langen Verhandlungen das erreichten, was sie bis dahin nicht zu fordern gewagt hatten, nämlich die Anerkennung der Gleichberechtigung auf Samoa. Die für unabhängig und neutral erklärte Inselgruppe stand nun thatsächlich unter der Oberaufsicht der drei Mächte, und ein vom König von Schweden ernannter Oberrichter übte die Verwaltung aus. Ferner setzten England und Amerika die Rückberufung ihres Günstlings Malietoa und seine Ernennung zum ersten und einzigen allgemein anerkannten Oberkönig durch. Dadurch kamen die Deutschen in die wenig angenehme Lage, ihren einstigen Gegner gegen die befreundete und eben noch von ihnen unterstützte Tamasese-partei zu schützen. Der einzige greifbare Vorteil, den sie erlangten, war das Verbot weiterer Landabtretungen von den Samoanern und die Einsetzung einer Kommission zur Prüfung der Besitzanrechte der fremden Ansiedler. Die Arbeiten dieser Kommission waren erst 1894 beendet und lieferten überraschende Ergebnisse. Von den deutschen Ansprüchen wurden rund 35 000 ha oder 56 % des gesamten Landbesitzes als berechtigt, d. h. als durch gültige Kaufverträge erworben, anerkannt. Von den amerikanischen Forderungen dagegen wurden bloss 8000 ha oder 7 %, von den englischen gar nur 4000 ha oder 3 % bestätigt, obwohl die Briten für ihre Ansprüche etwa 12 500 ha mehr geltend gemacht hatten, als überhaupt Land vorhanden war. In solcher Weise hatten die Engländer ihre vermeintlichen Interessen übertrieben, während sie in Wahrheit zusammen mit denen der Amerikaner erst den dritten Teil des deutschen Besitzes ausmachten.

Wie vorauszusehen, war auch das Aushilfsmittel der Samoakonferenz bei der gegenseitigen Eifersucht der drei Mächte wirkungslos und liess einen ganzen Rattenkönig neuer Misshelligkeiten entstehen. Die Verhältnisse blieben eben so unhaltbar und beschämend wie früher, und die Ordnung konnte nur mühsam durch die ständige Anwesenheit der fremden Kriegsschiffe aufrecht erhalten werden. Denn der Malietoa Laupepa war bloss durch den Willen der Vertragsmächte, keineswegs aber nach dem Willen der Samoaner Oberkönig geworden, und da der Oberrichter keine Macht besass, so dauerte der Bürgerkrieg fort und artete immer mehr aus. Als der Gegenkönig Mataafa gefangen genommen und verbannt wurde, gingen die Wogen der Erregung so hoch, dass man ihn wieder zurückrufen musste; und wie beliebt und einflussreich er war, geht daraus hervor, dass er 1898 nach Laupepas Tode mit erdrückender Mehrheit von allen samoanischen Parteien, sogar von seinen früheren

Feinden, zum Oberkönig gewählt ward. Damit wäre ganz Samoa endlich wieder einmal geeint und der langjährige Zwist beigelegt gewesen. Da jedoch Mataafa Katholik und vor allem ein kluger patriotischer Kopf war, der die englisch-amerikanischen Absichten wohl durchschaute, so bestritt der Oberrichter Chambers unter dem Einfluss der ihm eng befreundeten englischen Mission sehr bald die Rechtsgültigkeit der Wahl und fand trotz dieser offenbaren Vertragsverletzung bei England und den Vereinigten Staaten Zustimmung. Sie stellten einen von einer ganz geringen samoanischen Minderheit gewählten Gegenkönig auf, während Deutschland im Einklang mit den Bestimmungen der Samoa-Akte den alten Gegner willig bestätigte und neutral blieb. Statt also den Frieden zu erhalten, wofür er eingesetzt war, führte Chambers das Wiederaufflackern des Bürgerkrieges geradezu herbei, und der Gang der Ereignisse liess keinen Zweifel darüber, dass das Vorgehen des Oberrichters vornehmlich gegen die Deutschen gerichtet war, die in der Folge als Schwächere eine Reihe bitterer Demütigungen hinnehmen mussten.

Als die Gegenpartei zu Beginn des Jahres 1899 von Mataafa bei Apia völlig geschlagen wurde und die gereizte Stimmung zwischen den Vertragsmächten in beunruhigender Weise wuchs, eröffneten die britischen und amerikanischen Kriegsschiffe, angeblich um Mataafas Anhänger zu vertreiben, ein Bombardement auf die hauptsächlich von deutschen Händlern und Pflanzern bewohnte Stadt. Diese rücksichtslose Bedrohung deutschen Lebens und Eigentums, die obendrein eine schwere Verletzung früherer Abmachungen bedeutete, erfolgte in passiver Anwesenheit eines unserer Kriegsschiffe, wobei auch ein Granatsplitter im deutschen Konsulat einschlug. Noch mehrere Wochen lang beschossen die englischen Schiffe die nur von Frauen und Kindern bewohnten Küstendörfer, worauf die Verbündeten nach Eintreffen von Verstärkungen ein Landungskorps aussetzten. Es geriet jedoch, wie früher die Deutschen, in einen Hinterhalt und wurde von den erbitterten Leuten Mataafas bei Fangalii empfindlich geschlagen. Sieben Engländer und Amerikaner, dazu 38 Samoaner ihres Anhangs fielen, und die ungeschulten, schlecht bewaffneten Gegner erbeuteten überdies zwei Schnellfeuergeschütze, die man in eiliger Flucht zurücklassen musste. Nunmehr suchte man, wie kurz zuvor den deutschen Polizeichef von Apia, Fritz Marquardt, als Anstifter und Zuträger der Eingeborenen den Kapitän Hufnagel verantwortlich zu machen. Beide wurden von den Engländern verhaftet, mussten aber auf entschiedenen Protest wieder ausgeliefert werden und blieben an Bord des deutschen Kriegsschiffes, bis sie, was sehr bald geschah, ihre Unschuld klar erwiesen hatten.

Zur Untersuchung der beklagenswerten Zwischenfälle wurde eine gemischte Kommission eingesetzt. Es gelang ihr, die erregten Gemüter zu beruhigen und eine teilweise Entwaffnung durchzusetzen, bei der über 5000 Gewehre zur Ablieferung kamen. Um ferneren Streitigkeiten vorzubeugen, wurde das samoanische Königtum ganz abgeschafft, und die Regierung sollte ausschliesslich durch die so unheilvolle europäisch-amerikanische Dreiherrschaft weitergeführt werden. Immerhin war ein zeitweiliges Einvernehmen zwischen den Vertragsmächten erzielt, und die Samoa-Angelegenheit begann allmählich in den Hintergrund zu treten. In Amerika gewann eine einsichtigere Beurteilung der Dinge die Oberhand, und England wurde in den südafrikanischen Krieg verwickelt, der das öffentliche Interesse ganz in Anspruch nahm.

Da erfolgte zu allgemeiner freudiger Überraschung die unerwartete Kunde von der Aufteilung der Samoagruppe unter Deutschland und die Vereinigten Staaten, und zwar gerade zu einer Zeit, als die Hoffnung, dass wir nach zwanzigjährigem Wettbewerb den Sieg erringen würden, ihren tiefsten Stand erreicht hatte. Nicht zum wenigsten scheint das Abkommen eine Wirkung des Burenkrieges gewesen zu sein, der England durch fortgesetzte Niederlagen zunächst in eine sehr missliche Lage brachte. Auch die Reise des Zaren Nikolaus nach Deutschland mag für das Einlenken Englands, das sich ohne zwingende Gründe wohl kaum nachgiebig gezeigt hätte, mitbestimmend gewesen sein. Denn wenige Stunden vor der Ankunft des Zaren in Potsdam kamen die so lange hingeschleppten Verhandlungen plötzlich zum Abschluss.

Der Vertrag vom 14. November 1899, der unter Vorbehalt der rasch erlangten Zustimmung der Vereinigten Staaten zu stande kam, sicherte endlich eine dauernde Auseinandersetzung zwischen den drei Mächten. Er hob die Samoa-Akte auf und bestimmte, dass die Entschädigungsforderungen für alle bei den letzten Wirren erlittenen Verluste durch ein Schiedsgericht geprüft werden sollten. Vor allem aber wies er die Hauptinseln Upolu und Sawaii samt allen westlich des 171. Längengrades gelegenen Eilanden an Deutschland, während die Vereinigten Staaten Tutuila und die Manuagruppe erhielten. Denn die pacifischen Interessen Amerikas waren allmählich derart gestiegen, dass es Tutuila als Stützpunkt nicht preisgeben konnte. Dort besass es schon lange die Kohlenstation Pago-Pago, über welche die zukunftsvollen Schiffahrtslinien zwischen Nordamerika und Australien führen.

Englands Interessen dagegen waren so gering und die ihm zugebilligten Entschädigungen so ansehnlich, dass es ihm ein leichtes war, sich aller Rechte auf Samoa zu entäussern. Denn Deutschland entsagte zu gunsten Grossbritanniens seinen nicht unerheblichen Ansprüchen auf die Tonga-Inseln und verzichtete auf seine bis 1902 währenden exterritorialen Rechte in Sansibar. Waren diese Rechte auch mehr formeller Art, so ist doch mit ihrer Preisgabe der letzte Faden zerschnitten, der die Insel noch mit Deutschland verknüpfte, und wir stehen vor der unabänderlichen Thatsache, dass unmittelbar vor unserer ostafrikanischen Kolonie eine britische Insel liegt, die unser Küstenland beherrscht und stark entwertet. Ferner erhielt England die beiden deutschen Salomoneninseln Choiseul und Ysabel nebst den zugehörigen kleineren Eilanden, allerdings mit dem ausdrücklichen, für das Wirtschaftsleben der Südsee wichtigen Vorbehalt der ungehinderten Anwerbung von Plantagenarbeitern. Da wir die Salomonen wegen ihrer im allgemeinen europäerfeindlichen melanesischen Bevölkerung wirtschaftlich noch gar nicht ausgenutzt und die als Arbeiterlieferanten wertvollen Inseln Bougainville und Buka behalten haben, so will dieser Verlust nicht zu viel besagen. Schmerzlicher ist die für uns ungünstige Aufteilung des bisher neutralen Salagagebietes zwischen Deutsch-Togo und der englischen Goldküstenkolonie in Westafrika, wo wir bei der Neubegrenzung unseres Schutzgebietes den kürzeren gezogen haben.

Alles in allem kann man sich dem Empfinden nicht verschliessen, dass die unsererseits für Samoa gewährten Gegenleistungen recht beträchtlich waren und dass die schlauen Engländer, wie bei allen kolonialpolitischen Verhandlungen mit Deutschland, auch diesmal die meisten Vorteile zu erringen verstanden. Andererseits darf man jedoch nicht vergessen, dass unsere Diplomatie mit nicht geringen Schwierigkeiten zu kämpfen hatte, weil sie nicht in der Lage war, durch maritime Machtmittel einen Druck ausüben und ihren Forderungen Nachdruck verleihen zu können. Deshalb fand, und mit Recht, das Samoa-Abkommen in Deutschland eine günstige Aufnahme. Hatte es doch den ewigen Bürgerkriegen auf der Inselflur ein Ziel gesetzt und, wenngleich erst spät, das 1880 in unbegreiflicher Kurzsichtigkeit verschuldete Versäumnis wieder gut gemacht, das uns zwei Jahrzehnte hindurch so schwere Opfer an Geld und Menschenleben kostete und eine ganze Reihe bitterer Erfahrungen und tief schmerzlicher Demütigungen auferlegte. Seiner Zeit hätten wir ganz Samoa für 300 000 Mk. haben können. Weil das aber dem Reichstag zu teuer war, so haben wir allein bloss für die Stationierung unserer Kriegsschiffe vor Samoa von 1879 bis 1899 über 25 Millionen Mark ausgegeben. So war es eine Ehrenpflicht, einen Besitz zu behaupten, der uns durch deutsches Blut und deutsche Arbeit kostbar geworden war und dessen Preisgabe die überwiegende Mehrheit des Volkes sicherlich als eine nationale Demütigung empfunden haben würde. Dass wir nicht ganz Samoa bekamen, darf uns die Freude an dem Erworbenen nicht beeinträchtigen. Freilich ist es nicht angenehm, hier und auf den Marianen die Vereinigten Staaten als unbequemen Nachbar inmitten unseres Kolonialgebietes zu haben. Doch haben wir erreicht, was unter den obwaltenden Verhältnissen zu erreichen möglich war.

Dr. Solf, der bisherige Präsident der Municipal-Verwaltung in Apia, ein genauer Kenner von Land und Leuten, wurde zum ersten Gouverneur von Deutsch-Samoa ernannt, und am 1. März 1900 fand in dem alten samoanischen Königssitz Mulinuu bei Apia unter festlicher Beteiligung der Fremden und Eingeborenen die Flaggenhissung statt. Seitdem sind aus unserer jüngsten Kolonie nur erfreuliche Nachrichten über die fortschreitende Beruhigung und Besserung der Dinge in die Heimat gedrungen, so dass Samoa immer mehr die Perle der Südsee zu werden verspricht, als welche man die Inselflur schon so lange gepriesen hat.

2. Die Marianen.

Die Marianen und Karolinen liegen östlich von den Philippinen und gehören nebst den deutschen Marshall-Inseln und dem britischen Gilbert-Archipel geographisch zu Mikronesien, das seinem Namen Kleininselland mit vollem Recht entspricht. Denn allen seinen Inseln ist die Kleinheit ihres Umfanges und das entschiedene Vorherrschen niedriger, kaum mannshoher Koralleneilande gemeinsam, die meist als sogenannte Atolle oder Ringinseln mit ihrem schmalen, weissleuchtenden Korallenkalkband eine ruhige Lagune umsäumen. Trotz der weiten Ausdehnung über ein Gebiet, das in Europa vom Kanal bis zum Don und vom Kap Skagen bis Rom reichen würde, hat die gesamte mikronesische Inselflur mit 3545 km^2 Fläche noch nicht einmal die Grösse des Grossherzogtums Sachsen-Weimar.

Aus jener ungeheuren Wasserwüste und aus der Unzahl flacher Riffe und Koralleninseln ragen nur wenige höhere Inseln vulkanischen Ursprungs empor. Die meisten und grössten finden sich in der Gruppe der Marianen, der nördlichsten Inselreihe Mikronesiens, die 1521 vom Weltumsegler Magellan entdeckt wurde. Wegen des diebischen Charakters ihrer Bewohner taufte er sie Ladronen oder Diebesinseln. Daneben wurden sie nach der dreieckigen Form der Segel, die an lateinische Segel erinnerten, Islas de las Velas Latinas, die Inseln der Lateinischen Segel, genannt. Später erhielten sie nach der Witwe des spanischen Königs Philipp IV., Maria Anna, den heute allgemein gebräuchlichen Namen Marianen.

Die Nord-Süd verlaufende Inselflur erstreckt sich in Gestalt eines leicht gekrümmten, nach West offenen Bogens über eine fast 1000 km lange Strecke von 12—21 ^{0} N., die, nach Deutschland verlegt, den Raum von der deutsch-dänischen Grenze bis zum Bodensee einnehmen würde. Durch einen unterseeischen Rücken hängen die Marianen mit den von Japan aus südwärts laufenden Bonin-Inseln zusammen, während sie von den Karolinen ein gewaltig tiefes Meeresbecken scheidet, das bei der Insel Guam bis zu 8800 m herabgeht und nach der Tongatiefe die zweitgrösste, bis heute gelotete Meerestiefe ist. Die zugehörigen 17 Inseln und

Inselchen haben insgesamt 1140 km² Flächeninhalt und gewinnen nach Süden immer mehr an Umfang, um mit Guam ihr grösstes Areal (514 km²) und ihre dichteste Bewohnerzahl (9000 Seelen) zu erreichen. Da Guam amerikanischer Besitz ist, so bleiben für den deutschen Anteil der Marianen nur noch 626 km², d. h. kaum soviel wie Zweidrittel der Insel Rügen, mit 1938 Einwohnern (1253 Chamorro, 650 Karolinier, 35 Fremde) übrig. Doch hat sich unter deutscher Verwaltung die Volkszahl durch einen Geburtenüberschuss von 50 Seelen und eine aus Guam erfolgte Zuwanderung von 144 Köpfen 1900/01 auf 2132 Köpfe gehoben, die sich hauptsächlich auf den drei ständig besiedelten Inseln Saipan, Rota und Tinian zusammendrängen.

Die bergige Inselgruppe ist durchaus vulkanischen Charakters und scheint gleich dem Bismarck-Archipel an eine Bruchspalte gebunden zu sein, längs deren die vulkanischen Auswurfsmassen emporquollen. Während aber die nördlichen Eilande rein vulkanisch sind und neben vielen erloschenen auch noch thätige Feuerberge besitzen, ist bei den südlichen Inseln, von Saipan bis Guam, der basaltische Kern bis zu den höchsten Gipfeln mit einem Panzer von gehobenem Korallenkalk umgeben, der nach Süden zu immer mehr überhand nimmt und schliesslich das vulkanische Gestein überwiegt. Schon aus der Ferne ist der Unterschied der geologischen Zusammensetzung in der Umrissgestaltung der Inseln erkennbar. Hier steigt der Korallenkalk in scharf abgesetzten Terrassen an; dort erheben sich die regelmässigen Formen der Vulkankegel, die meist unbewohnt und, weil in den lockeren Aufschüttungsmassen die Feuchtigkeit rasch einsickert, trocken und wasserarm sind und nur ein spärliches Pflanzenkleid tragen. Auch die Ausdehnung der die Inseln umkränzenden Korallenriffe, auf denen kleine Riffinselchen im Entstehen begriffen sind, nimmt von Nord nach Süd zu, weil das Meer äquatorwärts wärmer wird und weil die südlichen Inseln älter als die nördlichen zu sein scheinen, so dass die riffbildenden Korallen bei ersteren früher mit ihrer Thätigkeit beginnen konnten als bei letzteren. Manche der kleineren Eilande bestehen überhaupt bloss aus einem einzigen, von Regenrinnen oder Barrancos tief durchfurchten und am Fusse von den Meereswellen angenagten Vulkandom. Nicht wenige solcher stattlichen Kraterberge mögen auf diese Weise von der Erosion ohne Mitwirkung vulkanischer Katastrophen abgetragen und wieder vom Meer verschlungen worden sein. Alle Inseln sind hafenarm und werden von einer starken Brandung umtost, die das Landen erschwert und rings um die kleinen, steil ansteigenden Vulkaneilande so heftig auftritt, dass die meisten derselben bloss während der ruhigsten Jahreszeit zugänglich sind. Erdbeben und heisse Quellen sind auf den Marianen nicht selten und erinnern im Verein mit den ständig rauchenden Vulkanschloten an die im Innern schlummernde vulkanische Kraft, die auf den ruhigeren Karolinen längst erloschen ist.

Das nördlichste Eiland des Archipels ist die einsame Vogelinsel, auch Urracas oder Farallon de Pajaros genannt. Sie wird von einem mächtigen, in lebhaftester Arbeit begriffenen Vulkan eingenommen, der zwischen den Trümmern der älteren Insel aufgestiegen ist und in Zwischenräumen dichte Aschenmassen und Steine unter donnerndem Getöse auswirft. Sein auf ausgebrannten Lavafelsen ruhender Aschenkegel trägt weder Baum noch Strauch. Nur Millionen von Seevögeln benutzen die am Fuss des Kraters sich ständig erneuernde heisse Asche zum Ausbrüten ihrer Eier oder tummeln sich in dem unaufhörlich empordringenden gelbbraunen Rauch.

Der kleine Vulkanrest Maug, der fälschlich ebenfalls Urracas genannt wird, aber mit dem vorigen nicht zu verwechseln ist, stellt das Überbleibsel eines einst gewaltigen Kraters dar und besteht aus drei Inselchen, die einen tiefen, geräumigen Hafen mit breiten, anscheinend auch für grössere Schiffe zugänglichen Einfahrten umschliessen. Hier wie auf Farallon de Pajaros haben zahllose Seevögel eine lockere Guanoschicht aufgehäuft. Doch entbehrt Maug auch nicht reichlicherer Vegetation, die hauptsächlich aus Savannengras und Buschholz zusammengesetzt ist.

Das Eiland Assongsong, spanisch Asuncion, ist wiederum ein regelmässig gestalteter, von tiefen Schluchten zerrissener Vulkan, der schwache Rauchsäulen ausstösst und mit 950 m (nach anderen nur 640 m) Meereshöhe als höchste Erhebung der Marianen gilt. Die weltabgeschiedene Insel hat Überfluss an Kokospalmen dank der Anwesenheit zahlreicher Kokoskrabben, die dadurch zur Verbreitung jener nützlichen Palme beitragen, dass sie die Kokosnüsse verschleppen, um sie für späteren Gebrauch zu verstecken. Nicht selten finden sie jedoch die Vorratskammern nicht wieder, so dass die Nüsse keimen und bald hier, bald dort ein Palmenhain emporwächst.

Agrigan ist ein 750 m hoher erloschener Vulkan, der mit steilen Wänden und Schluchten eine 34,2 km² umfassende Grundfläche bedeckt. Er trägt ebenfalls nicht unbedeutende Kokoswaldungen, die, von 37 Arbeitern ausgebeutet, jährlich gegen 100 Tonnen Kopra liefern und seitens der deutschen Verwaltung durch Aussaat von Kokosnüssen noch ver-

mehrt worden sind. Sonst macht Steppengras den vorwaltenden Vege-
tationstypus aus, der indes vielerorts von höherem Baumwuchs unterbrochen wird.

Die Doppelinsel Pagan, mit 97,2 km² die grösste der rein vulkanischen Marianen, setzt sich aus zwei durch eine flache Ebene verbundenen Feuerbergen mit 300 m hohen Gipfeln zusammen, die zum
Zeichen ihrer Thätigkeit stets von einer Rauchwolke verhüllt werden
und breite, erst jüngst erstarrte Lavaströme in die erloschenen Krater
einer dritten, älteren, fast bis zum Meeresspiegel versunkenen Vulkan-
gruppe entsenden. Die Ausnutzung der Insel wird insofern erleichtert,
als ihre hohe, steile Felsküste, die bloss an wenigen Punkten eine Boot-
landung gestattet, einen guten sicheren Hafen besitzt, der allerdings
wegen der von den Meeresströmungen angespülten Schlamm- und Sand-
massen öfterer Ausbaggerung bedarf. Ferner sind heisse Quellen und
genügendes Trinkwasser vorhanden, und unter der stellenweise üppigen
Pflanzenhülle spielt längs des Strandes die Kokospalme eine solche Rolle,
dass die von 137 Arbeitern gewonnene Kopra auf jährlich 200 Tonnen
geschätzt wird.

Alamagan ist nichts anderes als ein einziger mächtiger Krater von
800 m Meereshöhe, der scheinbar erloschen ist und in dessen schroffe
Böschungen der Regen tiefe Schluchten gewühlt hat, während der breite
Fuss des Berges von der Brandung unterwaschen und zum Einsturz
gebracht wird. Auf der kleinen Insel werden von 18 Arbeitern jährlich
50 Tonnen Kopra gewonnen. Denn die deutsche Regierung hat Pagan,
Agrigan und Alamagan für 8000 Mark an eine aus zwei Chamorros und
einem Japaner bestehende Gesellschaft verpachtet und den Unternehmern
gleichzeitig die Verpflichtung auferlegt, in jedem Jahr eine bestimmte
Fläche neu mit Kokospalmen zu bepflanzen. Leider richten die Ratten
grossen Schaden unter den jungen Beständen an.

Das nun folgende Guguan besteht aus drei Kratern, von denen
der südlichste nur noch zur Hälfte erhalten ist, da seine Südwand und
mit ihr ein Teil der früher grösseren Insel der Erosion zum Opfer gefallen ist. Als Bezirksamtmann Fritz Guguan betrat, waren sehr viele
Pandanussträucher, aber keine Kokospalmen sichtbar, mit deren Anpflanzung unverzüglich begonnen wurde.

Umgekehrt trägt der fruchtbare Humusboden der Insel Sarigan,
deren 600 m hoher Krater erloschen ist, viele Kokospalmen und dichten
Baum- und Buschwuchs, der einer Unzahl brütender Vögel zum Auf-
enthaltsort dient.

Anatahan wird ähnlich wie Pagan von zwei ausgebrannten, durch eine Ebene verbundenen Vulkanen erfüllt, deren tief durchschluchtete Steilhänge bis 800 m ansteigen und mit hohem Steppengras überzogen sind. In der Nachbarschaft des Meeres gedeihen stattliche Kasuarinen und Kokospalmen, und zum Zweck der Kopragewinnung, die jährlich etwa 60 Tonnen und 1000 Mark Pacht einbringt, sind 11 Arbeiter auf der Insel ansässig. Die ergiebige Verwitterungskrume soll sich auch zum Anbau von Mais und Zuckerrohr eignen; doch herrscht leider die Rattenplage gerade hier in sehr bedenklichem Masse.

Die letzte der rein vulkanischen Inseln ist das an Seevögeln und an Guano überreiche Farallon de Medinilla. Kokospalmen wurden auf dem Eiland nicht beobachtet, weshalb Bezirksamtmann Fritz bei seiner dreistündigen Anwesenheit 100 Kokosnüsse und verschiedene Gräser aussäen liess.

Unter den grösseren Inseln der Südhälfte, die durch die Vergesellschaftung von Basalt und Korallenkalk ausgezeichnet sind, ist als wichtigste und umfangreichste (185,2 km²) unter den deutschen Marianen Saipan erwähnenswert. Es besteht im allgemeinen aus niedrigem Hügelland, das nach dem Innern zu bergig ansteigt und nur am Nordende von einem 500 m hohen tafelbergartigen Vulkan überragt wird. Die Küste umsäumt ein tiefgründiger, der Kokospalme sehr zusagender Sandboden; doch macht der jährliche Kopraertrag wegen der Faulheit der Eingeborenen erst 200 Tonnen aus. Landeinwärts folgt rötlicher Lehmgrund und an den teilweise aus gehobenem Korallenkalk aufgebauten Bergen ein dunkler, tiefgründiger Humusboden. Ausgedehnte Grassavannen mit starrem, hochwüchsigem Gras, die als Viehweide dienen und einst das Kulturland der rührigen Urbewohner, der Chamorro, waren, bestimmen den landschaftlichen Charakter der Insel; doch fehlt auch dichter, wertvoller Wald nicht, der namentlich die höheren Erhebungen des nördlichen Teils bevorzugt. Verwilderte Rinder, Schweine und Hühner sind in Menge vorhanden und könnten bei sachgemäss betriebener Viehzucht in lohnender Weise nutzbar gemacht werden. Auf der Insel giebt es bloss zwei grössere Siedelungen, Garapan mit 1032 und Tanapag mit 205 Einwohnern. In ersterem Orte, der, zwischen Palmen versteckt, sich um eine ehemalige spanische Kaserne gruppiert, befindet sich das kaiserliche Bezirksamt und die Postagentur. Tanapag erfreut sich eines geräumigen, von Untiefen freien Hafens, der durch ein Riff und ein vorgelagertes Inselchen geschützt wird und trotz der schmalen, durch Klippen bedrohten Einfahrt wohl der beste Ankerplatz der gesamten Inselflur ist.

Ein einmündender Fluss versorgt ihn jederzeit mit ausreichendem Trinkwasser.

Eine 6 km breite Meerenge trennt Saipan von der ebenfalls flachen und hügeligen Nachbarinsel Tinian (130,2 km²). Die bloss von 70 Menschen bewohnte Insel bildet eine nach West geneigte Kalkscholle, deren harter Korallenfels entweder bloss liegt oder von einer tiefen Schicht roten Thones verborgen wird. Nur im Süden erreicht die Platte beträchtlichere Höhen, bis zu 200 m, und trägt nur dort stattlichere Waldungen. Sonst verschlingen sich übermannshohes Gestrüpp, windenartige Schlingpflanzen und ein seidelbastähnliches Schmarotzergewächs zu einer dichten Decke, unter der ein keineswegs üppiges Gras gedeiht. Diese weitaus vorherrschende Savannenvegetation, die das Überwiegen der Viehzucht bedingt, stirbt in besonders trockenen Monaten vollständig ab, um sich zur Regenzeit wieder einzustellen. Trotz reichlicher Niederschläge ist fliessendes Wasser auf der Insel nicht anzutreffen, doch schützen drei Lagunen und mehrere Brunnen, die gutes Trinkwasser liefern, vor Mangel. Die 30—50 m hohe Steilküste, um die eine starke Brandung steht, besitzt bloss am Südende der Insel einen bequemen und gefahrlosen Landeplatz. Leider bietet er nur kleineren Fahrzeugen Aufnahme, während grössere Schiffe in einiger Entfernung vom Lande Anker werfen müssen.

Rota (114,2 km²), die südlichste Insel der deutschen Marianen, wird von einem Korallenriff umkränzt und ist infolge der hohen Brandung, die sich an dem durchlassarmen Riffkranz bricht, noch schwerer zugänglich als Tinian. Den Strand zieren Kokoshaine, die jährlich 45 Tonnen Kopra einbringen. Sonst besteht die Insel, deren 491 Bewohner sich in einer einzigen Ortschaft zusammendrängen, im wesentlichen aus einem 300 m hohen Berg, der nach drei Seiten in scharf abgesetzten Terrassen abstürzt und sich nur nordwärts langsamer zum Meere abdacht. Er ist fast ganz aus gehobenem Korallenkalk aufgebaut, der den vulkanischen Kern der Insel umgiebt und wegen seiner Klüftigkeit — an der Südwestseite befinden sich zwei geräumige Höhlen — den reichlich fallenden Regen rasch aufschluckt. Dagegen sammeln sich die Niederschläge im Bereich des schwer durchlässigen Vulkangesteins und seiner thonigen Verwitterungshülle zu ständig Wasser führenden Flüssen an.

Die Hauptinsel des Archipels ist Guam oder Guahan, dessen riffumkränzte Steilküsten ein von mässig hohen Gebirgszügen oder Einzelbergen erfülltes Innere umschliessen. Die 50 km lange und bis 15 km breite Insel setzt sich im Norden aus wasserarmem Korallenkalk, im Süden aus Basalt zusammen und trägt trotz unglaublicher Verwüstungen immer noch prächtige Wälder, wenngleich die Steppenformation über- wiegt. An guten, meist bloss für kleinere Schiffe benutzbaren Häfen ist kein Überfluss. Der wichtigste und beste Ankerplatz, zugleich der Hauptort der Insel und Sitz der amerikanischen Verwaltung, ist Agaña mit der berühmten Caldera von Guam.

Das Klima der Marianen ist echt tropisch, doch keineswegs un- gesund und frei von ansteckenden Krankheiten. Nur die Frambösia genannte Hautkrankheit, die vielfach irrtümlich für Syphilis, Lupus oder Lepra gehalten wurde, scheint ziemlich häufig vorzukommen. Die Regen- zeit fällt in die Monate Mai bis Oktober, ist aber ziemlich verwischt, weil die reichlichen Niederschläge über das ganze Jahr verteilt sind. Trotzdem sind wegen des durchlässigen Kalkbodens und wegen des lockeren vulkanischen Aufschüttungsmaterials die Wasserverhältnisse im allgemeinen nicht günstig und lassen Dauerflüsse bloss auf Saipan und Rota entstehen, obwohl wirklicher Wassermangel kaum beobachtet wird. Namentlich der schwere rote Thon, der als gemeinsames Ver- witterungsprodukt des Korallenkalkes und des vulkanischen Gesteins die Thäler erfüllt oder sich auf den Terrassen ablagert, hält dort, wo er in grösserer Mächtigkeit auftritt, die Feuchtigkeit lange fest.

Dank dem fruchtbaren Humusboden und dem feuchtwarmen Klima war die Vegetation von Haus aus üppig. Doch ist der Hochwald, der vornehmlich die grösseren Inseln bis zu den kegelförmigen Gipfeln über- kleidete und stellenweise noch undurchdringliche Dickichte bildet, im Laufe der Zeit stark gelichtet worden, so dass heute der Steppen- charakter entschieden überwiegt und das landschaftliche Bild bestimmt. Eine Aufforstung scheint daher nicht bloss dringend geboten, sondern auch erfolgversprechend zu sein, weil das hohe Savannengras die Feuchtigkeit zurückhält, zur Humusbildung beiträgt und dadurch den Boden für späteren Baumwuchs vorbereitet. Um die Wiederbewaldung zu fördern, hat Bezirksamtmann Fritz entsprechende Massregeln ge- troffen und auf der Inselflur bereits über 15 000 Kokosnüsse aussäen lassen.

Das Pflanzenkleid der Marianen ist verschieden reich und schliesst sich hauptsächlich an die Vegetation der Philippinen an. Die Jahr- hunderte lange politische Verbindung beider Inselgruppen hat die Ein- führung einer Reihe philippinischer Nahrungs-, Genuss- und Nutz- pflanzen wie Mais, Sago, Tabak, Indigo, Baumwolle, Kaffee und Kakao

zur Folge gehabt. Die Baumwolle überzieht auf Tinian ganze Berg-
lehnen, und die Apfelsine kommt überall verwildert vor, wie überhaupt
die meisten der neu eingebürgerten Kulturen unter der spanischen
Herrschaft verwilderten und vom Savannengras überwuchert wurden.
Zuckerrohr und Reis fanden die Europäer bei ihrer Ankunft bereits
vor; denn die Chamorro bauten allein von allen Südsee-Insulanern
den Reis an. Dazu benutzten sie noch den Pandanus, Süsskartoffeln,
Taro, vier Arten von Brotfruchtbäumen und von Palmen hauptsächlich Areka- und Kokospalme, so dass ihre Nahrungsweise derjenigen
der Karolinier und der heutigen Marianen-Insulaner entsprach.

Die Tierwelt des Archipels ist wie auf allen pacifischen Inselwolken
arm, insbesondere arm an Landsäugetieren und Landvögeln. Sie wird
vertreten durch fliegende Hunde, die bei den Eingeborenen als Leckerbissen gelten, ferner durch Ratten, Tauben, Kokoskrabben, Flusskrebse,
Schildkröten und eine auf der Indischen Inselflur weit verbreitete
Schlange (Typhlops bramina). Die Vogelwelt zählt 56 Arten und stimmt
in der Hauptsache mit der Avifauna der Karolinen überein.

Einen eigentümlichen Bestandteil des Tierlebens machen auf den
Marianen die Herden verwilderter Haustiere, insbesondere von Hühnern,
Schweinen und Rindern, aus, die vor allem die einförmigen Savannen
und die Bergwälder von Tinian bevölkern. Sie sind erst von den
Spaniern, wohl aus Mexiko, eingeführt worden und haben sich so vermehrt, dass man bei einer Wanderung durch die Insel wie in einem
grossen Dorf unaufhörlich von dem Krähen der Hühner begleitet wird.
Schweine sind gleichfalls in solcher Menge vorhanden, dass wöchentlich 10
bis 14 derselben in Schlingen gefangen und in Saipan lebend zum festen
Preis von 4 Mark für das Stück verkauft werden. Das Gebirge bevölkern wilde Ziegen noch in grossen Rudeln. Die Rinder dagegen
haben sich infolge unausgesetzter Verfolgungen so vermindert, dass ihre
Jagd schon unter spanischer Herrschaft mehrere Jahre lang eingestellt
werden musste und von der deutschen Verwaltung ganz verboten worden
ist. Auch die Bestände prächtiger Axishirsche, welche die Spanier von
den Philippinen mitbrachten und auf Rota und Tinian aussetzten, sind
stark gelichtet, weshalb für sie ebenfalls eine unbestimmte Schonzeit
angeordnet wurde. Die von den Spaniern eingeführten und verwilderten
Hunde endlich hat man grösstenteils wieder abgeschossen oder sucht
neuerdings ihrer Vermehrung durch eine Besteuerung der Hündinnen
Einhalt zu thun, weil sie zu einer unerträglichen Landplage wurden und
erheblichen Jagdschaden anrichteten.

Die Urbewohner der Marianen, die Chamorro, waren bei der Entdeckung der Inselgruppe sehr zahlreich, und überall stösst man noch inmitten des Waldes oder der Savanne auf die Trümmer von Niederlassungen, die Zeugnis von der einst viel dichteren Besiedelung der Inselreihe ablegen. Erst 1668, also 147 Jahre nach Magellans erstem Besuch, nahmen die Spanier den Archipel in Besitz und errichteten dort eine Jesuitenmission. Damals waren alle Inseln bewohnt, und man schätzte die Gesamtmenge der Eingeborenen auf 40—60000, ja sogar, was aber übertrieben scheint, auf 100—150000 Köpfe, die wie alle Polynesier Hochseefischerei trieben, in lebhaftem Verkehr miteinander standen und eine nicht unbedeutende Kultur besassen. Obgleich ihnen Magellan nicht ohne Grund diebische Eigenschaften nachsagte, traten sie den Europäern freundlich und zutraulich entgegen, versorgten sie im Austausch gegen Stoffe und eiserne Geräte mit Lebensmitteln und zeigten bei aller Unbeständigkeit und allem Leichtsinn grosse Anhänglichkeit. Sehr bald aber trieben die gewaltsamen Bekehrungs- und Knechtungsversuche der Fremden das stolze, tapfere, unbeugsame Volk zu verzweifeltem Widerstand gegen die drückende Zwingherrschaft und gegen den religiösen Fanatismus, der sich in blindem Eifer gegen alles Heidnische und gegen die althergebrachten Sitten kehrte. 30 Jahre hindurch, bis 1699, dauerte der blutige Vernichtungskrieg, in dem viele spanische Soldaten und Missionare das Leben verloren, bis schliesslich die Chamorro unterlagen, nachdem sie fast vollständig aufgerieben waren. Viele, die nicht im offenen Kampfe umkamen oder dem religiösen Vertilgungeseifer zum Opfer fielen, gaben sich freiwillig den Tod. Auch die Frauen brachten die neugeborenen Kinder um oder machten sich absichtlich unfruchtbar, weil die heldenmütigen Eingeborenen, die ihre Freiheit über alles liebten, eher aussterben als noch länger ihren Peinigern unterthan sein wollten.

Zur Erleichterung der Regierung und um die Unterworfenen besser unter kirchlicher und militärischer Zucht halten zu können, wurden alle Marianen-Inseln von den Spaniern absichtlich entvölkert und die Überlebenden auf der Hauptinsel Guam zusammengepfercht, wo Krankheiten das ihrige thaten und die Zahl der Chamorro 1710 auf 3678 zusammenschrumpfen liessen, von denen 80 Jahre später nur noch 1639 Seelen übrig waren. Bloss die Entvölkerung von Rota, wo sich der Hauptherd des Widerstandes gegen die Spanier befand, gelang nicht völlig, weil die zahlreichen Höhlen den Bedrängten willkommene, schwer zu entdeckende Zufluchtsstätten darboten. Die erschreckende Bevölkerungsabnahme bewog die bestürzten Spanier, die Lücken durch freiwillige oder zwangsweise Einführung von spanischen Sträflingen, Karoliniern und philippinischen Tagalen einigermassen wieder auszufüllen. Infolge dieser künstlichen Volksvermehrung nahm die Bewohnerzahl allmählich wieder zu und war auf 9500 gestiegen, als 1856 eine verheerende Seuche fast die Hälfte derselben wegraffte. 1887 gab es nach amtlichen Angaben wiederum 10276 Insulaner, von denen weitaus die meisten (8655 Köpfe) auf Guam ansässig waren. Doch auch diese grösste Insel des Archipels, die einst 180 stattliche Dörfer gehabt haben soll, birgt gegenwärtig nicht mehr als 10 armselige Ortschaften.

So hat sich die unvernünftige Politik der Spanier bitter gerächt. Denn wenn sich auch die fremden Seefahrer gegen die Südseevölker viele bedauerliche Übergriffe zu schulden kommen liessen, so haben sie sich an ihnen doch noch lange nicht in dem Masse versündigt, wie die Spanier an den unglücklichen Chamorro, denen die Berührung mit den Europäern wie keinem andern pacifischen Volksstamm verderblich geworden ist. Das kleine Häuflein der jetzigen Insulaner ist eine minderwertige Mischrasse aus Chamorro, Tagalen und Spaniern, während die Karolinier sich mit den uransässigen Elementen nur wenig vermischt haben. Bloss auf Rota haben sich aus dem oben genannten Grunde noch reine Nachkommen der alten Chamorro erhalten. Sonst ist deren Schilderung heute nichts anderes als eine Erinnerung an Tote.

Die Chamorro waren unzweifelhaft ein mikronesischer Stamm, etwa in der Mitte zwischen Polynesiern und Tagalen stehend. Gleich den heutigen Mikronesiern waren sie sehr einfach bekleidet und gingen entweder ganz nackt oder trugen nur einen schmalen Faserschurz, während die Vorliebe für reichen Schmuck und für Zierraten verschiedener Art um so ausgeprägter war. Dagegen scheint man die auf den Karolinen gebräuchliche Tätowierung nicht geübt zu haben.

Nach echt polynesischer Sitte gliederten sich die alten Marianen-Insulaner in zwei streng voneinander geschiedene Stände, die Vornehmen und die ihnen in allen Beziehungen untergeordneten Gemeinen. Lediglich die ersteren, die wiederum in die beiden Klassen der eigentlichen Häuptlinge und der mit geringeren Vorrechten ausgestatteten Häuptlingssöhne zerfielen, durften Krieg führen, Seefahrten unternehmen, Bootbau und Handel treiben und waren im Besitz alles Grundeigentums. Die letzteren hatten die Ländereien der Vornehmen zu bebauen und im Kriegsfall den Proviant herbeizuschaffen. Sonst war jeder Verkehr mit der Geburts-Aristokratie aufgehoben, und die Gemeinen durften sich den Vornehmen weder nähern noch ihre Geräte berühren und hatten ihr Leben verwirkt, wenn sie sich vor ihnen nicht tief verneigten. Auch insofern war die Scheidung zwischen Adel und gewöhnlichem Volk streng durchgeführt, dass Ehen bloss innerhalb der beiden Klassen geschlossen werden durften und dass die Heirat eines Vornehmen mit einem Mädchen niederen Standes den Tod des ersteren nach sich zog.

Wie bei den Karoliniern gab es auch bei den Chamorro einen in zwei Klassen geteilten Priesterstand, dem die Ausübung des im wesentlichen auf eine Ahnenverehrung hinauslaufenden religiösen Kultes oblag. Die Schädel der Verstorbenen wurden aufbewahrt und, weil man ihnen übernatürliche Kräfte zuschrieb, als siegverleihend in die Schlacht mitgenommen. Gegen die Überlegenheit der spanischen Waffen konnten sie freilich nicht helfen. Im übrigen waren Kriege unter den Chamorro, weil die Rachsucht einen Grundzug ihres Charakters bildete, zwar häufig, verliefen aber meist unblutig und endeten nach dem Verlust von 2—3 Toten gewöhnlich mit der Unterwerfung der einen Partei. Die Toten kamen nach der Mythologie der Chamorro und Karolinier entweder ins Paradies oder in die Hölle.

Obwohl das Mutterrecht nicht so ausgeprägt war wie bei den Karoliniern und Marshall-Insulanern, hatten die Frauen einen grossen Einfluss und erfreuten sich guter Behandlung. Der Mann hatte bloss eine gesetzmässige Frau, dazu aber mehrere Nebenfrauen. Ehebruch wurde für beide Teile streng geahndet. Doch galten die Frauen als keusch, während die Mädchen viele Freiheit hatten. Ungezwungener geschlechtlicher Verkehr mit den im Gemeindehaus lebenden Junggesellen war für sie eben so wenig anstössig und entwürdigend wie für die Armengols der Palauer und bildete hier wie dort kein Hindernis für eine spätere Verehelichung. Obendrein gab es noch Gesellschaften, die keinen anderen Zweck als Befriedigung der sinnlichen Gelüste hatten und zur Feier ihrer Orgien, die bis zur Blutschande ausarteten, in einzelnen Dörfern eigene Häuser besassen. Kindermord dagegen, wie er besonders auf Tahiti im Schwange war, wurde ursprünglich nicht ausgeübt und fand erst in den furchtbaren Rassenkämpfen gegen die Spanier als Verzweiflungsmittel Eingang.

Die Werbung geschah durch eine weibliche Verwandte des Mannes. War sie angenommen, so musste der Bräutigam für den Unterhalt der Braut sorgen und ihr bis zur Hochzeit dienen, die erst nach sorgfältiger Prüfung aller Verhältnisse statt hatte und mit grosser Feierlichkeit begangen wurde. Feste waren überhaupt sehr beliebt und wurden bei jeder Gelegenheit abgehalten. Eine Hauptrolle spielten dabei Tänze und Gesänge, die von Musikinstrumenten begleitet wurden. Auch an poetischem Talent fehlte es den Chamorro nicht.

Diese alte Kultur ist unter der spanischen Herrschaft so vollständig zu grunde gegangen, dass nur noch verwilderte Anpflanzungen und höchst eigentümliche Hausruinen, die man auf Tinian, Rota und Alamagan antrifft, an die glänzendere Vergangenheit erinnern.

Die Chamorro kannten zwei Arten von Häusern. Die einen, die noch jetzt gebaut und vom ärmeren Volk bewohnt werden, waren niedrige Holzhütten, die unmittelbar über dem Erdboden auf 6—8 Palmenstämmen von 3—4 m Höhe errichtet und mit Palmenblättern oder Rohrgeflecht ausgekleidet waren. Daneben bemerkt man im Walde versteckt mächtige Steinsäulen, die, stets in zwei Reihen angeordnet, sich nach oben verjüngen und auf der Spitze ein halbkugeliges Kapitäl tragen, dessen Boden nach oben liegt. Diese Bauten finden, abgesehen von den merkwürdigen Steinfiguren auf der Osterinsel, im Stillen Ozean nirgends wieder ihresgleichen und haben deshalb nicht mit Unrecht Aufsehen erregt. Sie sind wohl nicht, wie man vermutete, alte Königsgräber oder Tempel, sondern stellten das steinerne Gerüst von Häusern dar, die auf den Marianen heute gänzlich ausser Gebrauch sind, während man sie früher oft benutzte. Da nämlich die eben beschriebenen Hütten zur Regenzeit feucht und unbequem waren, so setzten die Vornehmeren unter Beibehaltung der sonst üblichen Hausform ihre Wohnungen auf hohe Pfeiler. Sie bestanden aus einer Mischung von Sand, Kalk und kleinen Steinen oder aus behauenen, durch Mörtel verbundenen Korallenkalkblöcken, weil es für die bloss über sehr primitive Steinwerkzeuge verfügenden Eingeborenen viel leichter war, die überall zerstreuten Kalkstücke zu verwenden, als einen Baum zu fällen. Auf den Säulen ruhte ein starker Fussboden, in dessen Mitte ein Loch den Zugang gestattete, und da die Pfeiler von aussen durch das grosse überhängende Blätterdach, im Innern vom Fussboden verdeckt waren, so konnte es leicht geschehen, dass die sonderbaren Bauten den Spaniern nicht weiter auffielen und erst nach dem Verfall ihrer Hülle zum Vorschein kamen.

Da für die wirtschaftliche Erschliessung der Inselflur und die geistige Hebung der Eingeborenen fast nichts geschah — die von den Spaniern errichteten Schulen sind wieder eingegangen — so ist die unternehmungslustige Bevölkerung, die hohe Kultur mit ausdauerndem Fleiss verband und wegen ihrer regen Handelsbeziehungen erfahrene Bootbauer und seetüchtige Schiffer lieferte, tief gesunken und hat mit ihrer Freiheit auch Wagemut, Frohsinn, Thatkraft und Selbstvertrauen verloren. Die Nachkommenschaft der alten Chamorro oder richtiger die heutige Mischbevölkerung der Marianen hat die Sprache der Vorfahren zu gunsten des Spanischen verlernt und ist ein gutmütiges, ängstliches und unterwürfiges Völkchen, das der katholischen Religion anhängt — seit 1848 hat die Genossenschaft der spanischen Augustiner-Rekollekten auf Saipan Missionsstationen errichtet —, aber bei aller Frömmigkeit sehr abergläubisch ist und in der gedankenlosen Übung religiöser Gebräuche einen kümmerlichen Ersatz für das alte Heidentum gefunden hat. Auch die Gewerbthätigkeit und die alten Kunstfertigkeiten der Urbewohner sind bei den verarmten, gleichgiltigen und im höchsten Masse trägen Eingeborenen völlig in Vergessenheit geraten. Ackerbau und Viehzucht werden trotz des günstigen Bodens und Klimas in sehr beschränktem Masse betrieben, und die Bodenkultur kann sich trotz des Ersatzes der primitiven Geräte durch eiserne Werkzeuge in keiner Weise mit den sorgsam gepflegten, durch kunstvolle Berieselungssysteme ausgezeichneten Pflanzungen messen, die einst die Inseln in einen einzigen grossen Garten verwandelten und das lebhafte Erstaunen der Reisenden des 17. Jahrhunderts erregten. Die jetzigen Insulaner sind vielmehr zu einem Jägervolk herabgesunken, indem sie der Jagd auf die verwilderten Tiere, welche an die Stelle der verschwundenen Menschen getreten sind, mit einer gewissen Leidenschaft obliegen. Endlich wurde das Verkehrswesen seitens der Spanier so sehr vernachlässigt, dass der seit dem Ausbleiben der Walfischfänger wirtschaftlich fast wertlos gewordene, bloss noch als Verbannungsort dienende Besitz immer mehr verarmte und bis zu seiner Abtretung bloss einmal im Jahre Postverbindung mit den Philippinen besass. Auch zwischen den einzelnen Inseln des vom grossen Verkehr kaum berührten Archipels bestanden nur gelegentlich geringe Verbindungen, seit die Spanier einige Unglücksfälle als willkommenen Vorwand benutzt hatten, um den ihnen unbequemen Verkehr zwischen den verschiedenen Stämmen zu verbieten. Der Beförderungsdienst wurde für amtliche wie private Zwecke von den auf der Inselflur ansässigen Karoliniern ausgeübt, weil die plumpen Einbäume der heutigen Chamorro höchstens zur Küstenfahrt tauglich sind.

So ist es im allgemeinen ein trübes Bild, das uns die Schilderung der Marianen-Insulaner entrollt, und die deutsche Verwaltung hat eine Reihe schwieriger Aufgaben zu lösen. Immerhin beginnen sich unter der neuen Herrschaft, die verständnisvoll und fürsorgend sich ihrer Schutzbefohlenen angenommen hat, bereits die ersten leisen Anklänge an eine bessere Zukunft bemerkbar zu machen. Es ist gelungen, eine wohl-disziplinierte Polizeitruppe aus Eingeborenen zu bilden und täglich 30—60 freiwillig sich meldende Arbeiter mit Aufforstungsarbeiten zu beschäftigen. Ebenso sind einige der nördlichen Marianen an Chamorro verpachtet, die willig allen Verpflichtungen nachkommen und durch das Vorbild fleissiger Arbeit auf ihre Landsleute anfeuernd wirken. Vielleicht glückt es der deutschen Herrschaft, die verödete Inselflur und ihr schwer geprüftes Volk bald wieder besseren Zeiten entgegenzuführen und die letzten Reste der Chamorro vor völligem Untergang zu bewahren.

3. Die Karolinen.

Von allen Südsee-Archipelen nimmt derjenige der Karolinen den weitesten Raum ein und macht den grösseren Teil Mikronesiens aus, indem er seine zahllosen Eilande in langer Reihe von West nach Ost gruppiert und von den Philippinen bis zu den Marshall-Inseln reicht. Im ganzen halten die Karolinen die Breitenlage zwischen dem Äquator und 10° N. fest und sind einschliesslich der Palaugruppe über eine Fläche ausgebreitet, die in Europa einen Raum von mehr als der doppelten Länge Deutschlands bedecken und in der Breite von den Deutschen Meeren bis zu den Alpen sich erstrecken würde. Doch sind die Inseln, gegen 710 an der Zahl, als weit zerstreute Häuflein in ungefähr 40 Gruppen gleich einem Mückenschwarm über diesen ungeheuren Meeresraum ausgesäet, da sie trotz der Ausdehnung über 35 Längengrade und 10 Breitengrade nur 1450 km² Flächeninhalt besitzen. Die dem Menschen zugängliche Fläche der Inselflur ist somit nicht viel grösser als das Herzogtum Sachsen-Altenburg. Etwa 107 Inseln sind ständig von rund 35000 Eingeborenen bewohnt.[1]

Die Inselflur erhielt ihren Namen in der zweiten Hälfte des 17. Jahrhunderts nach der Gemahlin des spanischen Königs Karl I.

---

[1] Die wichtigsten Karolinen-Inseln sind Kusaie, Ponape, die Mortlocks, der Inselkern des Ruk-Archipels, Namonuito, Uleai, Uluthi, Yap und die Palaus. Die südlichste Gruppe des Archipels ist das aus fünf flachen, gut bewaldeten Eilanden bestehende, an sich gänzlich unbedeutende und lange Zeit hindurch fast unbekannte Lagunenriff Mapia, das bloss 6 km² Land besitzt und dessen rein karolinische Bevölkerung grösstenteils von papuanischen Piraten vernichtet oder weggeführt wurde. Weil das Atoll bereits in den Gewässern von Holländisch-Neuguinea liegt, so machten nach der Abtretung der Karolinen die Holländer Besitzansprüche auf Mapia geltend, mit der Begründung, dass ein holländischer Kaufmann vom Sultan von Tidore, der sich als Herrn des Archipels ausgab, die Erlaubnis zur Anlage einer Faktorei daselbst erhalten habe. Obwohl der deutsch-spanische Vertrag von 1885 die Mapiagruppe ausdrücklich als spanisches Eigentum bezeichnete, ernannte die Niederländische Regierung 1898 einen Posthalter für Mapia. Das Abkommen von 1885 lässt aber an der Zugehörigkeit des Atolls zu den spanischen Karolinen keinen Zweifel, weshalb es mit deren Verkauf 1899 ohne weiteres in deutschen Besitz überging. — Die westlichste Gruppe der Karolinen ist die der Palau-Inseln, den östlichsten Pfeiler stellt die Insel Kusaie dar.

Doch wurde ursprünglich bloss die Insel Yap Carolina genannt, und erst nach und nach ging diese Bezeichnung auf den gesamten Archipel über.

Die räumliche Anordnung der Karolinen und Marianen, sowie die Tiefenverhältnisse der umgebenden Meere machen nach Max Friederichsen ehemals engere Beziehungen und Landzusammenhänge mit einem alten Austral-Asiatischen Erdteil wahrscheinlich. Einmal spricht der in Inseln zerstückelte Gebirgsbogen, der sich von den Sunda-Inseln über Neuguinea bis Neuseeland zieht, für einen hier einst vorhanden gewesenen Kontinent aus archäischen und Schichtgesteinen, während jenseits desselben fast nirgends mehr Sedimentgesteine, sondern bloss noch Korallen- und vulkanische Gesteine jugendlichen Alters anzutreffen sind. Ferner beginnt die eigentliche Tiefsee mit ihren über 5000 m betragenden Abgründen erst nördlich der Karolinen und östlich der Marianen und scheint von beiden Archipelen durch eine schmale Tiefenrinne getrennt zu werden, die den Aussenrand der Inselgruppen umsäumt und in der Guamtiefe bis 8184 m, in der Tongatiefe sogar bis 9427 m abstürzt. Da ähnliche unterseeische Gräben vorzugsweise an den Rändern von Festländern vorkommen, so liegt nach Friederichsen die Vermutung nahe, dass solche Abstürze, denen man heute fern von einem Erdteil begegnet, auf einen einst hier verlaufenden Kontinentalrand hinweisen. Der Einbruch jener alten Festlandsscholle war von vulkanischen Kraftäusserungen begleitet, denen die hochvulkanischen Marianen und die vulkanischen Hochinseln der Karolinen ihre Entstehung verdanken. Dass die Senkung des Untergrundes noch fortdauert, beweist für Anhänger der Darwinschen Theorie über die Bildung der Koralleninseln der zweite Inseltypus der Karolinen, nämlich derjenige der niedrigen Koralleneilande, die in Bodenbau und Pflanzenbedeckung durchaus von den hohen Inseln abweichen.

Weitaus die meisten Karolinen-Inseln — ausgenommen sind nur die wenigen von Korallenriffen umsäumten Hochinseln vulkanischen Charakters — stellen winzigkleine korallinische Flachinseln dar, die als junge Aufschüttungen auf einem in sich geschlossenen, einem verzogenen Kranz ähnelnden Korallenriff ruhen und mit ihm ein bloss auf einem kleinen Teil seiner Fläche bewohnbares Lagunenriff oder Atoll zusammensetzen. Schroff fällt es nach aussen zu den gewaltigen Tiefen des offenen Meeres ab, sanfter neigt es sich nach innen unter den Spiegel der Lagune, deren ruhiges, seichtes Wasser im Gegensatz zum blauen, brandungsgekrönten Ozean meist grün gefärbt ist und sichere Ankergelegenheiten darbietet, wenn auch draussen ein wütender Sturm tobt. Als märchenhaft zauberische

Gebilde erscheinen in den kristallklaren Fluten die buntfarbigen Korallenbauten mit wunderbarer Deutlichkeit, und prächtig schimmernde Fische
schiessen in dem phantastisch gestalteten Labyrinth geschäftig hin
und her.

Meist führen mehrere genügend breite und tiefe Lücken, die deshalb für die Schiffahrt wertvoll sind, als sogenannte Passagen oder
Durchlässe durch das Riff. Bei Ebbe, wo es ganz oder grösstenteils
den Meeresspiegel überragt, kann man beobachten, wie die stock-
artig miteinander verbundenen Korallen namentlich an der Nordostseite
der Inseln das Riff weiterbauen, da ihnen die Brandung unter dem Einflusse des Nordostpassates nach dieser Seite hin die meiste Nahrung
zutreibt. Deshalb sind alle Atolle der Karolinen- und Marshall-Inseln
nach Süd und West schwächlicher, zerrissener und reicher an Durch-
lässen, nach Nord und Ost dagegen erscheinen sie massiger und ge-
schlossener. Auf der Windseite liegen auch die meisten und höchsten
Inselchen, und ihre Vegetation zeigt eine verhältnismässig kräftige Entwickelung, während die entgegengesetzte Seite unfruchtbar ist und ganz
oder grösstenteils von der Brandung überwallt wird. Die Zahl und
Grösse der dem Riffkranz aufgesetzten Inselchen ist sehr verschieden;
doch kann man sie allesamt der Quere nach meist in wenigen Minuten
durchwandern.

Kaum zu Manneshöhe, selten mehr als 4 m, überragen die
Flacheilande das Mittelwasser mit ihrem aus fest zusammengepressten
Trümmern lichtgrauen Korallenkalkes bestehenden Boden, der nach der
Mitte der Inseln zu immer mehr von gelblich-weissem Kalksand und
bereits gebildeter Humuserde überdeckt wird. Deshalb blieben die
Atolle den Seefahrern lange unbekannt. Denn nur bei unmittelbarer
Annäherung verraten die weisschäumenden Brandungskämme und die
hohen Wipfel der Kokospalmen dem Schiffer die Anwesenheit von Land.
Beim Näherkommen erblickt man niedrigeres Baum- und Strauchwerk,
bis endlich hinter der Brandung fahle Sandstreifen die durch Passagen
getrennten Riffinseln verraten, die wie Perlen an eine Schnur aufgereiht
erscheinen und hinter denen das grüne Wasser der Lagune hervor-
leuchtet. Da diese niedrigen Inseln die Stürme nicht aufzuhalten vermögen, so brausen sie mit voller Wucht über sie wie über einen ununterbrochenen Wasserspiegel hin. Dann binden die Karolinier Weiber
und Kinder an Baumstämme und flüchten sich selbst in deren Kronen.
Nicht selten wird ihnen aber durch die aufgeregte See der locker ge-
fügte Boden der überschwemmten Insel buchstäblich unter den Füssen

fortgerissen. Sturmwetter vermag auf solche Weise die mannigfachsten
Veränderungen hervorzurufen, indem die Fluten das Riff stellenweise
inselleer fegen, um anderwärts den Kalkschutt wieder anzuhäufen und
insulare Neubildungen zu schaffen.[1])

Während der dichte Urwald der Hochinseln die Feuchtigkeit fest-
hält, fehlt den flachen Koralleneilanden trotz des feuchten Tropenklimas
und der fast täglich niedergehenden ergiebigen Regengüsse jede Quelle
und jeder Bach. Eingegrabene Löcher und Zisternen füllen sich bei
der Durchlässigkeit des Kalksteins und des lockeren Aufschüttungs-
bodens bald mit Brackwasser, so dass die Eingeborenen das Trinkwasser in Baumlöchern auffangen müssen oder Kokosmilch als haupt-
sächlichstes Getränk benutzen.

Die Atolle liegen einsam oder gruppenweise dicht beisammen.
Ihre Flächenausdehnung ist im allgemeinen wenig verschieden, indem
die Länge 4—8 km, die Breite bis 3 km beträgt. Zu den Ringinseln
gesellen sich einfache Koralleninselchen ohne Lagune, und diese wie
jene sind einander so täuschend ähnlich, dass die Schilderung e i n e r
niedrigen Koralleninsel auf alle andern passt.

Man teilt die gesamte Inselflur der Karolinen gewöhnlich in die
Palau-Inseln und in die grössere Hauptgruppe der eigentlichen Karolinen,
die wiederum in die westlichen und östlichen Karolinen zerfallen und
unter sich wie von den Palaus durch breitere, inselfreie Meeresabschnitte
geschieden werden.

Die abgesonderten Palau- oder Pelew-Inseln sind die grösste Insel-
wolke des Archipels. Sie bestehen aus sieben bewohnten und dreimal
sovielen menschenleeren Eilanden, die als ein klassischer Boden für das
Studium der Korallenbauten gelten müssen, da sich alle drei Rifftypen,
Saumriffe, Wallriffe und Atolle, auf engem Raum zusammendrängen.
Der inselreiche Hauptarchipel wird mit Ausnahme der nördlichsten und
südlichsten Insel von gewaltig ausgedehnten, teilweise mehrfach hinter-
einanderliegenden Wallriffen zu einem schwer zugänglichen Ganzen
zusammengeschlossen. Was indes die Eigenart Palaus ganz besonders
ausmacht, ist wie bei den Marianen die Thatsache, dass es sich geo-
logisch in zwei scharf getrennte Teile gliedert und dass hier wie dort
vulkanische Eruptivmassen und grobkörniger gehobener Korallenkalk
eine innige Verknüpfung miteinander zeigen. Das vulkanische Gestein

---

[1]) Die Ngatikgruppe wurde 1897 durch eine Flutwelle und eine nochmalige achttägige
Überschwemmung im November 1898 schwer heimgesucht. Sämtliche Brotfruchtbäume
starben ab, die Hälfte der Kokospalmen ward entwurzelt, und alles Vieh ging verloren.

ist ein tertiärer Trachyt von lichtgrauer Farbe, der öfters von Basalten durchsetzt wird und in Gesellschaft grösserer Tuffmassen auftritt. Die Grenzen zwischen beiden so gegensätzlichen Gesteinsarten, die als gemeinsames Verwitterungsprodukt eine Schicht roten Thones über- lagert, sind noch nicht bekannt, ebensowenig ihre gegenseitigen geo- logischen und tektonischen Beziehungen.[1])

Die Insel Baobeltaob (Babelthaub) ist mit 300 km² Fläche die um- fangreichste Insel des insgesamt 446 km² umfassenden Archipels und grösser als alle übrigen Palau-Inseln zusammengenommen. Sie bildet eine überwiegend vulkanische, im Süden jedoch aus Korallenkalk zu- sammengesetzte Landscholle, die nordsüdlich langgestreckt ist und stark angenagte Küstenränder besitzt. Die Erosion hat überhaupt die Palaus in tiefgehender Weise angegriffen und nicht bloss die mürben Vulkan- tuffe, sondern auch den festen, widerstandsfähigeren Kalkstein zerstört. Das beweist die Unzahl dicht gescharter Felsklippen, in welche sich die vielfach ein- und ausgebuchtete Küste aufgelöst hat. Sie deuten den früheren Umfang der einzelnen Inseln an, deren kalkige Oberfläche wie im Karst vom Regen narbig ausgefressen und infolgedessen höchst un- eben ist. Die Palaus selbst scheinen in ihrer Gesamtheit die Reste einer einst zusammenhängenden Kalkplatte zu sein, die von der Meeres- brandung zertrümmert wurde. Auf Baobeltaob steigen einige Gipfel bis zu 600 m an. Hier allein giebt es reichliche Bewässerung, und ansehn- liche Flüsse, darunter als längste Wasserader der Karolinen der aus einem kleinen See kommende Enkassar, haben zahlreiche Schluchten ausgewühlt. Doch sind sie meist nur dem vulkanischen Gestein eigen, da der klüftige Kalk keine Bäche besitzt. Auf Baobeltaob ist auch stark verwitterte Kohle, wahrscheinlich jugendliche Braunkohle, nach- gewiesen, die aber minderwertig und als Heizungsmaterial kaum brauch- bar zu sein scheint. Die höheren, oft stufenförmig sich erhebenden Binnenflächen sind von eintönigen Grassavannen mit eingestreuten Ka- suarinen und sparrigen Pandanusbäumen bedeckt. Auf der fetten Lehm-

---

[1]) Während auf den Marianen und Palaus die tektonischen Kräfte den Korallenkalk zu beträchtlicher Höhe emporgehoben haben (vgl. S. 19), stellt innerhalb der eigentlichen Karolinen das Felsinselchen Fais (Feys) östlich von Yap das einzige Beispiel einer gehobenen Koralleninsel dar. Das den Meeresspiegel um 30 m überragende Eiland birgt ein steil- wandiges, wohlgebautes Becken, das mit seiner tellerartigen Gestalt als die ehemalige, jetzt trocken gelegte Lagune des Atolls erscheint. Sonst ist die mit senkrechtem Aussen- rand abstürzende Insel hafenlos und wird durch ein rasch fortwachsendes Küstenriff, das sich dem Strand dicht anschmiegt, noch unnahbarer gemacht.

und Humusschicht der tieferen Lagen dagegen hat sich eine üppige Tropenvegetation eingenistet.

Auch die übrigen Eilande des Inselschwarms zeigen die Vergesellschaftung des gehobenen Korallenkalks und des Trachyts und die entsprechenden Erosionswirkungen. Die nächstfolgenden Inseln, die für den Verkehr wichtig sind, weil zu ihnen gute Zufahrten ohne Riffgefahr führen, sind aus Eruptivgestein aufgebaut. Von ihnen ist vor allem Korror durch gute Häfen ausgezeichnet. Von Urukthapel ab nach Süden beginnen plötzlich die aus reinem Korallenkalk zusammengesetzten Eilande, deren unebene, vielfach durchlöcherte Karstfläche bis zu 160 m. ansteigt.

Innerhalb der eigentlichen Karolinen giebt es nur wenige vulkanische Hochinseln, die aber — Yap, Ponape, Kusaie und die basaltische Rukgruppe — zusammen mehr als zwei Drittel des Gesamtflächeninhaltes der Inselflur ausmachen. Sie werden entweder von Küstenriffen umsäumt und zwar so eng, dass kein Platz für den Schiffsverkehr bleibt, oder ausgedehnte Wallriffe ziehen sich in weitem Umkreis um den Inselkörper herum und lassen eine Anzahl von Passagen frei, die durch das Aussenriff zu einer Reihe guter Häfen führen. Die thonige Verwitterungshülle des ihnen allen gemeinsamen Basaltgesteins ist der unerschöpfliche Nährboden für eine zum Teil sehr üppige Pflanzendecke. Wasser ist im Gegensatz zu den niedrigen Atollen ebenfalls reichlich vorhanden, so dass die Hochinseln, von munteren Bächen durchrauscht und von majestätischem Urwald überkleidet, von vollendeter landschaftlicher Schönheit sind und mit ihren ausdrucksvollen Bergen einen malerischen Anblick darbieten. Anzeichen neuerer vulkanischer Thätigkeit sind auf ihnen zum Unterschied von den Marianen nicht beobachtet worden. Bloss auf Yap, das nach Semper den Palauern unter dem Namen Ascheninsel bekannt ist, dürften vielleicht noch in geschichtlicher Zeit Ausbrüche stattgefunden haben. Bemerkenswerterweise sind auf dieser Insel auch Erdbeben ziemlich häufig; sonst kehren sie im Archipel äusserst selten wieder.[1]) Die hohen Inseln erfreuen sich reich gegliederter Küsten, denen wiederum vom Hauptkörper abgeschnittene Nebeninselchen vorgelagert sind. Da aber die kleinen Atolle im Verhältnis zu ihrer Fläche eine grössere Küstenentwickelung haben als die Hochinseln, und da die Eingeborenen in ihren Daseinsbedingungen an die Nachbarschaft des Meeres gebunden sind, so haben die niedrigen

---

[1]) 1900 wurden auf Yap 6, 1901 4 Erdstösse beobachtet.

Koralleneilande — ein Gesetz, das man überall in der Südsee beobachten kann — eine verhältnismässig dichtere Besiedelung als die
vulkanischen Hochinseln. Die letzteren sind wegen des die Niederlassung erschwerenden Urwaldes und aus dem eben angegebenen Grunde
im Innern fast menschenleer. Doch scheint nach Finsch das bergige
Binnengebiet von Kusaie und Ponape einst bewohnt gewesen zu sein, weil
dort auf den höchsten Erhebungen Kokospalmen wachsen und weil die
Kokospalme fernab vom Meeresstrande nur als Kulturbaum vorkommt.

Das keilförmig gestaltete Yap (Uap) wird durch zahllose Vorsprünge
und Buchten besonders reich gegliedert. Namentlich der enge, aber für
Seeschiffe zugängliche Kanal der Tomilbai dringt mit seinen Seitenästen
so tief ein, dass er die nach Süden spitz zulaufende Insel fast entzwei
schneidet und dass nur ein ganz schmaler, neuerdings durchstochener
Isthmus die beiden ungleich grossen Landhälften noch zusammenhält.
Yap entspricht mit 213 km² Fläche dem Bremer Staatsgebiet und besteht zu vier Fünfteln aus grüngrauen Schiefern. Der Basalt, der auf
den übrigen Hochinseln eine so wichtige Rolle spielt, tritt hier auffallend zurück und baut bloss die nördlichen Teile auf. Darum ist
die Oberfläche Yaps weit einförmiger gestaltet als die der andern vulkanischen Eilande. Die Nordosthälfte steigt rasch zu einem 300 m
hohen Plateau an; der grösste Teil der im übrigen bis 400 m hohen
Südwesthälfte wird von einer fruchtbaren Niederung eingenommen. Nur
diese Niederung und ein schmaler Küstenstreifen, den die von den
höheren Erhebungen des Innern herrührenden Abschwemmungsmassen
aufgebaut haben, eignet sich zur Bodenkultur und ist das Hauptwohn-
gebiet für die etwa 8000 Seelen zählenden Eingeborenen, die den
küstennahen Wald in eine einzige fruchtspendende Parklandschaft umgewandelt haben. Das Innere dagegen ist wegen des allzu rasch ab-
laufenden Regens, der die Zersetzungskrume mit fortführt, meist baum-
los und trägt einen ausgesprochenen Steppencharakter. Da die Tomilbai den besten und zugleich den einzigen für Dampfer zugänglichen
Hafenplatz der Insel darstellt, so hat hier in den ehemaligen spanischen
Regierungsgebäuden die deutsche Verwaltung für die Palaus und West-
Karolinen ihren Sitz aufgeschlagen. Die Schwierigkeiten der Einfahrt
sind dadurch wesentlich gemindert worden, dass der deutsche Vize-
Gouverneur sofort nach Übernahme der Amtsgeschäfte alle Riffkanten
und Untiefen durch Seezeichen kenntlich machen liess.

Die 132 km² grosse Rukgruppe (Hogoleu) ist nicht wie Yap und
Kusaie eine einheitlich zusammenhängende Landmasse, sondern ab-

weichend davon ein Inselkomplex, der aus 17 bis 300 m hohen Basaltinseln beschränkten Umfanges und 80 korallinischen Aufschüttungsinseln
besteht. Letztere sind meist unbewohnt und erfüllen die von Korallen-
bänken durchsetzte Lagune oder folgen in linearer Aufreihung dem weit
ausgespannten Wallriff, das, 75 km lang und bis 60 km breit, mit un-
regelmässig fünfeckigem Umriss den vulkanischen Inselkern umzieht.
Die von der Kultur noch wenig berührten Inseln sind durchweg gut
besiedelt und schön bewaldet. Kokos- und Steinnusspalmen, Brotfruchtbäume und Kulturfrüchte gedeihen auf ihnen in Fülle, so dass die Errichtung einer Regierungs-Nebenstation für diesen nicht unwichtigen,
volkreichen Archipel in Aussicht genommen ist.

Die grösste und wichtigste aller Karolinen, die freilich mit 347 km²
Fläche erst den dritten Teil Rügens einnimmt, ist das rundliche Ponape (Bornabi, Bonebe, Puinipet, Hunnepet, auch Senjavina-Insel genannt).
Zur Hauptinsel gesellen sich innerhalb des bis 4 km entfernten und mit
kleinen Koralleneilanden besetzten Aussenriffs inmitten der bis 60 m
tiefen Lagune noch 33 kleine Inselchen, die stattliche Kokoshaine bergen
und mit Ausnahme einiger Basaltinseln niedrige Koralleninselchen sind.
Ponape ist überwiegend aus Basalt zusammengesetzt, dessen wild zerklüftetes, trümmerbesätes Berggewirr von tiefen Wasserrissen durchzogen wird. Die in sanft gerundeter Kegelform ansteigenden Gipfel
sind höher als auf irgend einer andern Koralleninsel und erreichen im
Tolokome (892 m) ihre grösste Höhe auf der Inselflur. Längs des
Strandes verläuft ein sumpfiger Mangrovegürtel, der reich an gutem,
hartem Holz ist. An ihn reiht sich ein schmaler, zum Ackerbau ge-
eigneter Streifen, dem auch die kleinen Dörfer der Eingeborenen an-
gehören. Dahinter folgt ein von Mulden, Thälern und Hochflächen erfülltes Gebiet, das gegenwärtig menschenleer ist, sich aber in den an
fruchtbarem Schwemmland reichen Thälern trefflich zum Plantagenbau
eignet. Im Innern der Insel erheben sich wilde Basaltgebirge, deren
ausgewaschenes, tief zerklüftetes Gestein eine sehr spärliche Pflanzenhülle trägt. Ein dichter Moosteppich überzieht Bäume und Felsen; eine
der Arekapalme ähnliche Palme, grosse Farne, Schlinggewächse und ein
verkrüppelter Baum mit sehr hartem Holz sind die Hauptvertreter der
Gebirgsvegetation. Wenngleich die durch Riffe gefährdete Lagune auf
weite Strecken hin nur für flache Boote zugänglich ist, so giebt es andererseits auch eine Reihe besserer Ankerplätze. Am bekanntesten sind
der Metalanimhafen und der Hafen von Santiago (Langarhafen), einst
spanischer, jetzt deutscher Verwaltungssitz und Hauptmittelpunkt der

katholischen Kapuziner-Mission. In dieser grössten europäischen Niederlassung des Archipels liefen 1901 36 Handelsschiffe mit 6851 Tonnen
Rauminhalt ein, wie überhaupt Ponape wegen seiner sicheren, räumlich
allerdings beschränkten Häfen und seines Reichtums an Trinkwasser,
Nahrungsmitteln und Brennholz schon seit langem der Hauptsammelplatz
der Walfischfänger war.

Die letzte und östlichste der vulkanischen Hochinseln ist das wiederum von einem Wallriff umkränzte Kusaie (Ualan). Die 112 km²
grosse Insel ist viel reizvoller als Ponape. Denn obwohl ihre Basaltberge
nicht über 657 m hoch sind, überraschen sie aus der Ferne durch ihre
kühnen Felsgestalten mit scharfen Graten, spitzen Hörnern und schroffen,
turmartigen Gipfeln, die ausdrucksvoll die tief durchschluchteten, waldigen Gehänge überragen. Auch hier schiebt sich zwischen das vom
Regen fast vollständig abgewaschene Gebirge und den sumpfigen Küstensaum der Mangroven ein Streifen schmalen Kulturlandes, auf dessen
fettem Lehmboden die Pflanzungen und Hütten der Eingeborenen liegen.
Als brauchbarster Ankerplatz gilt der Chabrolhafen mit der Insel Lele,
der trotz seiner engen Einfahrt mit seiner schützenden Bergumgebung
einen guten Zufluchtsort darbietet.

Das Klima der Karolinen ist erst in den allgemeinsten Zügen bekannt. Die äquatornahe Lage des Archipels, die Kleinheit und geringe
Meereshöhe der meisten Inseln und die das ganze Jahr über hohe Meeres-
temperatur bedingen die den Tropen eigentümliche sehr gleichmässige,
hohe Luftwärme und die beträchtliche Luftfeuchtigkeit. Die Wärmeschwan-
kungen sind gering und dürften tagsüber 3—4⁰ C. nicht überschreiten.
Auf Yap bewegte sich die Temperatur innerhalb einer siebenmonatlichen
Beobachtungszeit zwischen 25 und 31⁰ C., auf Ponape wurden als höchster
Wärmegrad 31,7⁰ C., als niedrigster 21⁰ C., als Jahresmittel während
eines dreijährigen Zeitraumes 28,3⁰ C. beobachtet. Doch dürfte diese
von Gulick herrührende Angabe etwas zu hoch gegriffen und die mittlere Jahreswärme des gesamten Archipels wie diejenige der Marshall-
Inseln auf 26—27⁰ C. zu veranschlagen sein. Auch die Wasserwärme
ist sehr gleichmässig und geht nicht unter 20⁰ C. herab, da sonst die
Korallen nicht gedeihen könnten. Die Luftfeuchtigkeit mildert zwar die
Hitze, macht aber die Wärme drückend fühlbar und wirkt erschlaffend,
weil die Hautausdünstung in der mit Wasserdampf übersättigten, feuchtwarmen Treibhausluft der Tropen geringer ist und weil es wegen der
Gleichmässigkeit des Temperaturganges, der die einzelnen Jahreszeiten
kaum voneinander unterscheiden lässt, an der Erfrischung des Körpers

durch Abkühlung fehlt. Zum Glück weht den grösseren Teil des Jahres hindurch, namentlich zur Trockenzeit, ein frischer Nordostpassat. Er bringt klare Luft, und ihm verdankt der Archipel vornehmlich seine für ein Tropengebiet überraschend günstigen Gesundheitsverhältnisse, indem er die Malariakeime vertreibt und die schädlichen Ausdünstungen von Sumpf und Urwald wegfegt. Das Klima sämtlicher Inseln scheint den Europäern zuträglich zu sein, und gefürchtete Tropenkrankheiten wie Malaria, Dysenterie und Beriberi sind unbekannt. Nur im Sommer (Juli bis Oktober), wo mit der Verschiebung des Passatgürtels nach Norden die Karolinen und Marianen in den Bereich wechselnder Winde (meist aus Südwest) und häufiger Windstillen eintreten, ist das Klima für Europäer wie für Eingeborene eine unangenehme Plage. In glühender Mittagshitze kann dann der dunkelfarbige Schlamm zwischen den Mangroven fast kochendheiss werden, während ein darauffolgender Platzregen um so erquickender wirkt. Die Eingeborenen wollen von ihm allerdings nichts wissen. Gegen unmittelbare Berührung mit dem kühlen Regen tauchen sie den Körper bis zum Hals in das laue Meer, und auch bei ihren Feldern errichten sie Schutzhütten gegen plötzlich hereinbrechende Niederschläge.

Die Zeit der veränderlichen Winde ist zugleich die Regenzeit. Die Niederschläge fallen hauptsächlich in der zweiten Hälfte des Jahres (Juni bis Oktober) und sind sehr stark.[1]) Wenn aber auch der feuchteren, niederschlagsreicheren Jahreshälfte eine vom Dezember bis Mai dauernde trockenere Zeit deutlich gegenübertritt und längere Trockenperioden unter Umständen nicht ausgeschlossen sind, so ist doch im allgemeinen kein Monat ohne Regen. Lange anhaltende Landregen sind allerdings eine Ausnahme. Die Regengüsse haben vielmehr einen böigen Charakter, indem schnell herbeieilende Wolken unter starken Windstössen sich plötzlich entladen, worauf wieder heiterster Sonnenschein folgt.

Gegen den Anfang des wieder einsetzenden Nordostpassates, seltener gegen seinen Ausgang stellen sich mit besonderer Vorliebe die für diesen

[1]) Beobachtungsstation	Jahr	jährl. Regenhöhe in mm	regenreichster Monat	dessen Regenhöhe in mm	Jährliche Regentage
Malakal (Palau)	1901/2	3634,0	Juli	756,4	209
Lamotrek (West-Karolinen)	1900/01	2852,8	Dezember	432,4	171
Yap	1900	2782,2	Oktober	538,0	213
Yap	1901	3513,7	Oktober	640,0	257

Auf Ponape scheint die jährliche Regenmenge mit mehr als 4000 mm Regenhöhe am grössten zu sein.

Teil der Südsee so verheerend wirkenden Taifune ein. Mit jenen furchtbaren Südweststürmen, die unter Umständen ganze Wälder entwurzeln,
die Stämme abdrehen und die Früchte abreissen und statt einer grünen
Insel ein kahles Korallenriff übrig lassen, ist sehr zu rechnen, wenn
man den Nutzwert der auf den Karolinen und Marianen anzulegenden
Pflanzungen in Betracht zieht. Zwar setzen die Taifune mitunter fünf
Jahre und länger aus. Dann aber kann es geschehen, dass sie in jähr-
lichen oder noch kürzeren Zwischenräumen drei bis viermal hintereinander
wehen und so ein schweres Hemmnis für den Plantagenbetrieb bilden.

Gewitter und elektrische Entladungen sind selten und nicht besonders heftig. Auf Lamotrek wurden 1901 18 Gewitter beobachtet.

Da die abgelegenen Inseln infolge ihrer Entstehungsgeschichte nie
mit dem Festland zusammenhingen und als junge Bildungen keine
ihnen eigentümliche Flora mit endemischen Formen zu entwickeln vermochten, so besteht ihre Pflanzendecke lediglich aus zugewanderten
Arten, die sie durch Winde, Strömungen und Vogelflug oder durch Zu-
thun des Menschen von älteren Landmassen her erhielten. Die Einwanderung erfolgte in Übereinstimmung mit den im Sommer vorherrschenden Südwestwinden und der durch sie bedingten äquatorialen Gegen-
strömung von West nach Ost und erklärt es, dass die Pflanzenwelt der
Karolinen einen überwiegend indomalayischen Charakter zeigt und sich
besonders eng an die Flora der Philippinen anschliesst. Dabei wird sie
nach Westen, nach dem Ursprungsgebiet der eingewanderten Gewächse
hin immer reicher und erhält in zunehmendem Masse ein asiatisches
Gepräge. Auf den westlichen Inseln z. B. ist die echt indomalayische
Gattung der Sagopalme zu Hause, die den östlichen Karolinen völlig
fehlt. Eine solche, ausnahmslos aus eingewanderten oder eingeführten
Arten zusammengesetzte Flora muss naturnotwendig ärmlich und ein-
tönig sein, und die durch Forsters überschwengliche Schilderungen her-
vorgerufene Anschauung, dass die Südseeinseln ein irdisches Paradies
seien, ist immer mehr als stark übertrieben oder als irrig erkannt worden.
Gleichwohl können die Karolinen gegenüber den landfernen Koralleninseln des östlichen Pacifik immer noch als reich gelten, und ihre wenigen Arten, hauptsächlich Kokospalmen und Brotfruchtbäume, sind so
formenschön und malerisch in immer neuem Wechsel gruppiert, dass
man fast überall einem üppigen Pflanzenschmuck begegnet.

Kaum ist auf einem Korallenriff ein Inselchen aufgeschüttet, so
überzieht es sich mit Vegetation. Besonders einige strauchartige Gewächse, deren rascher Aufwuchs die schleunige Bildung von Dammerde

fördert, leiten die Pflanzenansiedelung ein, die menschlicher Niederlassung die Wege ebnet, allen voran eine Scaevola mit grossen, hellen, saftigen Blättern. In dem durch sie und eine Reihe überall gleichartig wiederkehrender Gewächse vorbereiteten Boden erheben sich schon nach wenigen Jahren Sträucher und Bäume zum beginnenden Wald, der nach der offenen See zu regelmässig von den schlanken Stämmen der gesellig wachsenden Kokospalme umsäumt wird, so dass das landschaftliche Bild der Koralleninseln, vom Meer aus gesehen, fast stets das gleiche ist. Die Kokospalme ist bekanntlich der eigentliche Charakterbaum des Stillen Ozeans und macht neben Strauchwerk nicht selten den einzigen Baumwuchs der Atolle aus, weil die Kokosnuss durch den Schutz ihrer doppelten Schale vorzugsweise zu langem Umherschwimmen im Salzwasser eingerichtet ist.

Viel abwechselungsvoller und interessanter als die Flora der niedrigen Koralleneilande ist diejenige der vulkanischen Inseln, die sich, überall deutlich erkennbar, in die drei Formationen der Mangrove, des Kulturlandes und des bergigen Binnenlandes gliedert. Auch hier sind es freilich immer nur wenige hundert Arten von Gewächsen, aus denen sich in stets neuen Gruppierungen die reichere Pflanzenwelt der Hochinseln zusammenfügt.

Wo ein vorgelagertes Riff die Brandung abhält, nistet sich auf dem bei Ebbe meerfrei werdenden Strand der Mangrovewald ein, der düster und unschön ist und dessen Stille bloss vom Girren der Tauben unterbrochen wird. Er besteht hauptsächlich aus der mehr buschartigen Rhizophora und der baumartigen, durch eine dichte Blattfülle ausgezeichneten Sonneratia. Die Stämme ruhen auf hohen Stelzwurzeln, die sich zur Flutzeit unter Wasser befinden, zur Ebbezeit aber freistehen. Zu ihnen gesellen sich eigentümliche Atmungswurzeln, die, senkrecht emporstrebend, auch bei Hochwasser den Meeresspiegel überragen und den unterirdischen Teilen unmittelbar aus der Luft Sauerstoff zuführen. Von den Bäumen hängen ebenfalls lange Luftwurzeln herab, und endlich entsenden die von Schlinggewächsen übersponnenen Äste selbst lange Zweige nach unten, die gleich den Luftwurzeln im Schlamm Fuss fassen und neue Triebe zum Wachstum bringen. So bildet die Mangroveformation ein schwer durchdringbares Gewirr, das zahllose Insekten birgt und zwischen seinen dicht gedrängten Waldinseln ein Netz natürlicher Kanäle für den Bootverkehr freilässt.

Stellenweise wird der Mangrovegürtel, der die Küsten aller Hochinseln umgiebt und wertvolles Nutzholz liefert, durch eine Sandstrandflora ersetzt. Ihr hervorragendster Bestandteil ist die Kokospalme, während unter den kleineren Gewächsen die am Boden hinkriechende und fast allen Tropenküsten der alten Welt gemeinsame Ipomoea pes caprae einen dichten Teppich erzeugt. Auch eine prächtige weisse Lilie und einige niedrige, lianendurchflochtene Bäume sind am Sandstrand heimisch, darunter eine schöne Borraginee, deren grüner Wall zuweilen jeden Durchblick hindert, und der Hibiscus tiliaceus, ein Baum aus der Familie der Malvaceen, der sich etwa zwei Monate hindurch vom Morgen bis zum Mittag mit schwefelgelben Blüten bedeckt, die allmählich dunkler werden und gegen $^1/_2$3 Uhr abfallen. Sonst bietet der Strand nichts bemerkenswertes.

Hinter dem Mangrovesaum oder dem Küstenbusch folgt auf dem trockener werdenden Boden die angebaute und bewohnte Kulturlandschaft der Küste. Sie erscheint als ein vielgestaltiges, inniges Gemisch von Natur und Kunst, indem die Eingeborenen den Wald stark gelichtet und die offenen Stellen mit den verschiedensten Kulturgewächsen bepflanzt haben, so dass das Ganze im Verein mit nutzlosen Bäumen, Sträuchern und Kräutern den Eindruck eines verwilderten Parkes macht, der wiederum durch die Kokospalme sein Gepräge erhält.

An den schmalen Kulturstreifen schliesst sich der fast undurchdringliche Urwald an. Als echter, von Schmarotzerpflanzen erfüllter tropischer Regenwald überkleidet er das Gebirge und zeigt unter der Einwirkung der reichlichen Niederschläge wie des fruchtbaren vulkanischen Verwitterungsbodens eine strotzende Entwickelung, die sich allerdings mit der unendlichen Pflanzenfülle des amerikanischen oder indischen Tropenwaldes in keiner Weise messen kann. Statt der seltener werdenden Kokospalme stellen sich zierliche Arekapalmen und breitschirmige Baumfarne ein, die unter allen Pflanzen die meisten Vertreter auf der Inselflur haben und durch ihr Vorherrschen den Charakter des karolinischen Urwaldes nicht zum wenigsten bedingen. Zu ihnen kommen die Sagopalme (auf den westlichen Inseln) und einige in der Südsee sonst bloss noch auf der Fidschigruppe wiederkehrende Koniferenarten. Ebenso sind mehrere zur Verarbeitung geeignete Nutzhölzer vorhanden, vor allem die Stein- oder Elfenbeinnuss, die für die Knopfindustrie wertvoll ist. Im Dickicht gedeiht ferner die Bananenfeige mit ihrem riesigen, auf Luftwurzeln ruhenden Blätterdach, dazu ein majestätischer Muskatnussbaum namens Nun, die Barringtonia mit zierlichen, lebhaft gelbgrünen Blätterbüscheln und prächtigen weissen Blüten mit langen, roten Staubfäden und endlich der Lo, eine Hibiscusart mit wagerecht wachsendem

Stamm und rechtwinklig ausstrahlenden langen Zweigen. Den unteren Rand des palmenüberragten Bergwaldes schmückt die Rhexia, ein auch auf Hawaii häufiges Gesträuch mit dicht stehenden, kleinen, grellroten Blüten. Eine verhängnisvolle Zierde des Urwaldes sind zahllose Lianen und andere schlingende, windende oder würgende Schmarotzerpflanzen, die Baum mit Baum durch ein engmaschiges Netzwerk fest verknüpfen. Das Tierleben des feuchten dunklen Waldes ist spärlich. Nur zuweilen huscht eine flinke Eidechse über das Gestein, und zwischen den Stämmen flattert geisterhaft leise der fliegende Hund. Singvögel lassen sich selten hören; um so häufiger ertönt der Lockruf der als Jagdbeute geschätzten Fruchttaube.

Im innersten Bergland zieht sich der Wald nur vereinzelt bis zu den Gipfeln hinauf. Sonst macht er einer eintönigen Savanne mit oft mannshohem Gras und gelegentlich eingestreuten lichten Beständen von Schraubenbäumen (Pandanus) und Kasuarinen Platz, weil das rasch ablaufende Wasser den lockeren Humusboden beständig abspült. Namentlich das Innere Yaps, etwa drei Viertel der ganzen Insel, wird ganz von solchen steppenartigen Grasflächen eingenommen.

An den Nährgewächsen des Pacifischen Gebietes herrscht auf den Karolinen kein Mangel. Wohlschmeckende Früchte liefern mehrere zuckerhaltige Pandang- oder Pandanusarten mit schmalen, schilfartigen Blättern und runden, goldgelben Fruchtknollen. Die genügsamen Bäume ruhen auf Luftwurzeln wie auf Stelzen, nehmen mit dem schlechtesten Boden vorlieb, und ihre dicht fallenden, dunkelgrünen Blätter, die auch zur Bedachung der Häuser sowie zur Matten- und Segelverfertigung dienen, tragen wesentlich zur Erhöhung und Verbesserung der Humusschicht bei. Merkwürdigerweise verlieren die ausgesaugten Früchte ihre Keimkraft nicht, so dass man an Stellen, wo sie häufig verzehrt wurden, dichte Gruppen junger Pandangs aufschiessen sieht. Der vielästige Brotfruchtbaum, der ebenfalls in mehreren Arten angetroffen wird und mit der Fülle seiner handförmigen Blätter unserer Eiche ähnelt, ist aus seiner südostasiatischen Heimat vielleicht erst durch den Menschen hierher gebracht worden. Drei Viertel des Jahres spendet er seine kopfgrossen, fleischigen, mehlhaltigen Früchte in solcher Menge, dass 10 Bäume zur Ernährung einer Familie ausreichen. Das Zuckerrohr wird feldmässig angebaut, weil sein süsses Mark eine Lieblingskost der Eingeborenen bildet. Ähnlich verhält es sich mit der in vielen Spielarten vorkommenden Banane und den Caladium-Arten. Von letzteren pflanzt man hauptsächlich den Taro (Caladium esculentum) an, der, leicht kenntlich an seinen dunkelgrünen, auf mannshohen Stielen sitzenden Pfeilblättern, zusammen mit der an hohen Stangen sich emporrankenden Yamswurzel und dem Maniok eine Art Mehl liefert und den gänzlich unbekannten Getreidebau überflüssig macht. Eine nicht unwichtige Kulturpflanze ist auch eine Aracee namens Lack mit 4 m langen Riesenblättern. Zu nennen sind endlich Mangos, Orangen, Melonenbäume (Papaya) und die auch in ausserordentlich grosser Zahl verwildert vorkommende Ananas, dazu eine Reihe von Zierpflanzen, weil die Eingeborenen Blumen sehr lieben und die Wege mit schön blühenden Hecken einfassen. Auf Yap und Palau war schon vor Ankunft der Europäer der Tabaksbau bekannt.

An Tieren ist das umgebende Meer überreich. Bei Niederwasser entfaltet sich innerhalb des Riffs und im Mangrovegürtel ein reges Tierleben, das dem Vergnügen und noch mehr in gegenseitigem Vernichtungskrieg dem Kampf ums Dasein nachgeht. Die See selbst wimmelt von zahllosen, häufig wunderbar bunt gefärbten und eigentümlich gestalteten Fischen aller Grössen und Klassen, darunter grossen Haien und Rochen, deren Fang nichts weniger als leicht und ungefährlich ist. Seeigel und Seesterne haften am Meeresgrund, und träge ruhen in ihrer Gesellschaft bis meterlange Seegurken oder Trepangs, eine Holothurienart, die eine kostbare Ware für den chinesischen Markt darstellt. Da aber viele Trepangfelder stark erschöpft oder fast abgefischt sind, so ist ein Verbot weiteren Fanges erlassen worden. Die Zahl der Seeschnecken und Muscheln ist Legion. Unter ihnen ist für die Insulaner neben der Perlmuschel besonders die Riesenmuschel von Belang, aus deren Schalen mancherlei Geräte verfertigt werden. Einige giftige Seeschlangen sind vorhanden. Schildkröten dagegen sind selten, weshalb ihr Fleisch meist nur den Häuptlingen zusteht. Bloss noch ganz vereinzelt erscheint infolge der unausgesetzten Verfolgungen der Dugong, ein Seesäugetier, aus dessen Atlaswirbel die Palauer das hochgeschätzte Kliltarmband gewinnen.

Um so ärmer an Arten und zwar weit ärmer als die Flora ist die Landfauna des räumlich beschränkten Inselgebietes. Sie weist mit ihren Hauptvertretern ebenfalls auf indo-malayischen Ursprung hin. Die erst zur Tertiär- und Quartärzeit entstandenen landfernen Inseln entbehren wildlebender Säugetiere gänzlich und haben ihre vierfüssigen Bewohner erst durch die an treibende Pflanzenmassen sich anklammernden Fledermäuse oder als blinde Passagiere wie die durch den Schiffsverkehr eingeführten Ratten und Mäuse oder wie die Haustiere absichtlich von

den fremden Seefahrern erhalten. Die sehr dreisten Ratten sind zu
unangenehmen Hausmitbewohnern geworden und schädigen oft die
Kokospflanzungen, indem sie an den leicht geneigten Stämmen empor-
klettern und die Früchte herabholen. Deshalb bringt man, wie Kittlitz
von Kusaie berichtet, in der Mitte des Stammes ein Gitter an, um die
ungebetenen Gäste fern zu halten. Am charakteristischsten ist der in
mehreren Arten weit über die Südsee verbreitete Fliegende Hund
(Pteropus), der als Leckerbissen gilt, aber unter den Brotfruchtbäumen
ebenfalls grossen Schaden anrichtet. Diese im Fluge bis zu 1 m span-
nende schwarzbraune Fledermaus, neben der noch ein anderes Fleder-
tier (Emballonura) beobachtet wird, fliegt zur kühleren Tageszeit ge-
räuschlos herum. In den heissesten Stunden dagegen krallt sie sich,
den Kopf nach unten, an Baumäste fest, wo man die Tiere im Schatten
zu Dutzenden wie Schinken in der Räucherkammer hängen sehen kann.
Eine unschöne kleine Hundeart, die gleich dem Papuahund nicht bellen,
sondern bloss heulen kann, wird um des Fleisches willen, daneben auch
als Schosshund für die Damen auf Ponape gezüchtet und mit Brotteig
förmlich genudelt wie bei uns die Gänse. Bei Festen werden Hunderte
dieser Hunde gebraten und verspeist. Schweine besass man ursprünglich nicht; sie fanden erst spät als Haustiere und Festspeise Eingang
und waren bei Lütkes und Kittlitz Anwesenheit auf Kusaie so
selten, dass sie den Reisenden als etwas ganz besonderes vorgeführt
wurden, die darauf zur Vermehrung der Aufzucht ein Mutterschwein
zurückliessen. Auf der Insel hat sich auch das von der Amerikanischen
Mission eingebürgerte Rind gut akklimatisiert, während es auf Palau
verwilderte. Damit ist der gesamte spärliche Bestand an Säugetieren
erschöpft.

Zahlreicher sind wegen ihrer grösseren Bewegungsfähigkeit die
Landvögel, die mit 80 der indo-malayischen Vogelwelt angehörigen
Arten, darunter nicht weniger als 56 auf Palau, die artenreichste Wirbel-
tierklasse des Inselgebietes sind, jedoch nur wenige eigentümliche Formen
aufweisen. So findet sich bloss auf Ponape ein Scharrhuhn und eine
Eulenart, ausschliesslich auf Palau ein Grossfusshuhn, nur auf Ruk und
Ponape eine Erdtaube. Den westlichen Karolinen ist ein schwarzer
Glanzstaar, den centralen Karolinen ein unserer Drossel ähnelnder Sing-
vogel (Calamoherpe syrinx) eigen. Über den ganzen Archipel dagegen
ist eine grosse, wohlschmeckende Fruchttaube und unser Huhn verbreitet, das wohl nicht erst als verwilderter, sondern von Haus aus als
wilder, echter Waldvogel die Inselflur bewohnt und nur im Dickicht

lebt. Die Eingeborenen erfuhren erst durch die Europäer, dass Hühner-
fleisch essbar sei, nachdem sie dem Vogel vorher lediglich um seiner
Federn willen nachgestellt hatten. Ferner giebt es malayische Schwalben,
welche die bekannten essbaren Vogelnester liefern, und als Strandvögel
Würger, Fliegenfänger, Eisvögel und prächtig gefärbte Honigsauger.
Unser Kuckuck und eine neuseeländische Art sind bei ihren Wanderzügen auf den Palaus nachgewiesen, wie überhaupt viele nordische Zug-
vögel, die Kittlitz auf Kamtschatka gesehen hatte, trotz der ungeheuren
trennenden Meeresfläche bis zu den Karolinen fliegen, um dort den
Winter zu verbringen.

Eine Froschart und drei Landschlangen giebt es bloss auf Palau,
bis wohin sich zuweilen auch das indische Leistenkrokodil verirrt.
Häufig sind Eidechsen, unter denen ein über 1 m lang werdender
Leguan und auf Yap eine grosse Warneidechse bemerkenswert sind.
Gleich den meisten Südseeinseln' sind die Karolinen sehr spärlich mit
Insekten ausgestattet, selbst die in den Tropen so mannigfache Käfer-
welt tritt ganz zurück. Dasselbe gilt von den Schmetterlingen. Bloss
Zikaden lassen ihr Gezirp ertönen, die Hausfliege ist häufig, und Moskitos peinigen zur Regenzeit. Am lästigsten fallen einige Ameisenarten,
die alles Essbare angreifen und selbst das härteste Holz rasch zerstören.
Öfters trifft man im Busch auch Krebse. Es sind Beutelkrebse (Birgus
ladro) und Einsiedlerkrebse (Pagurus), die ihren weichen Hinterleib in
ein leeres Schneckenhaus wie in einen schützenden Panzer bergen und
mit ihm bis in die höchsten Baumwipfel klimmen.

Der Archipel wird gleich den benachbarten Marshall-Inseln von
Mikronesiern bewohnt, d. h., da es eine besondere mikronesische Rasse
nicht giebt, von einer etwas ins Papuanische überspielenden, nur gering
veränderten Abart der aus den Malayen hervorgegangenen Polynesier.
Dass neben Zuzügen aus Westen auch solche aus Osten erfolgten, dafür
spricht die auf Nukuor ansässige samoanische Kolonie und die Thatsache,
dass neun Zehntel der angetriebenen Gegenstände aus Osten stammen.
Volkens hält sogar eine Einwanderung aus Amerika nicht für unmög-
lich, weil zwischen den Malayen und den Eingeborenen Yaps auffallende
körperliche Unterschiede bestehen und weil die eigentümliche Sprache der
Palauer mit ihren Auslauten unwillkürlich an die Indianersprachen Mittel-
amerikas erinnert. In der neuen Heimat gingen die Polynesier gewisse
Kreuzungen mit Papuastämmen ein und erfuhren noch von anderer Seite
her Beimischungen. Darum findet man auf der Inselflur als das Ergebnis
von Schiffbrüchen, freiwilligen und unfreiwilligen Wanderungen den

malayischen, melanesischen, polynesischen und japanischen Typus oder Angehörige der schwarzen, braunen und gelben Rasse in wechselnden Zusammenstellungen nebeneinander. Dazu gesellen sich auf Ponape, Ruk und einigen Eilanden der mittleren Karolinen Niederlassungen räuberischer Orang Laut, eines Stammes, dessen bekannteste Vertreter die Seeräuber des Sulu-Archipels und die kopfjagenden Dajaken sind. Auch unter den Palauern und den Mischbewohnern der Rukgruppe scheinen nicht unerhebliche Mischungen mit Melanesiern stattgefunden zu haben. Doch sind die 200 Bewohner des kleinen Nukuor-Atolls reine Polynesier und zwar Samoaner. Überhaupt waltet das malayisch-polynesische Element so entschieden vor, dass sich trotz der Aufnahme fremden Blutes eine Mischrasse im eigentlichen Sinne, wie Christian annehmen möchte, nicht herausgebildet hat. Im einzelnen weichen natürlich, je nach dem Masse der Vermischung, die Bewohner der verschiedenen Inselgruppen in Sprache, Körperbau, Sitte und Brauch nicht unerheblich voneinander ab, so dass eine allgemein gültige ethnographische Schilderung für das ganze Inselgebiet trotz weit verbreiteter Übereinstimmungen nicht möglich ist.

Die grosse polynesische Spracheinheit fehlt, und man trifft statt ihrer die papuanische Sprachenvielheit. Denn die Palauer reden ihre eigene Sprache, und auf den Karolinen zählt man ohne Mundarten mindestens 6—8 verschiedene Sprachen, unter denen sich als überall verstandene Handelssprache, gleichsam als lingua franca der Karolinen, der Dialekt der handelseifrigen Mortlock-Insulaner allgemeine Geltung verschafft hat.

Wie alle Mikronesier sind die Karolinier von der Natur körperlich ausserordentlich begünstigt. Sie sind von mittlerem, wohlgestaltetem Wuchs, ebenmässig, kräftig und gelenkig, jedoch nicht herkulisch gebaut. Die Hautfarbe ist braun mit verschiedenen helleren und dunkleren Schattierungen, wird indes durch Einreiben mit Curcumawurzel und Kokosöl beeinträchtigt, die der Haut eine gelbe Tönung geben. Das wohlgeformte, unserem Geschmack allerdings nicht als schön zusagende Gesicht wird durch hervortretende Backenknochen, die platte, breite Nase und die aufgeworfenen Lippen verunziert und hat einen etwas groben, nicht besonders durchgeistigten Ausdruck. Die Frauen stehen an Körpergrösse auffallend hinter den Männern zurück. In der Jugend nicht unschön, altern sie früh und werden dann sehr hässlich. Die lebhaften Augen und das Haar sind bei beiden Geschlechtern stets dunkel. Das schwarze, in einen Knoten zusammengefasste und mit einem dreizackigen, weitzinkigen Kamm verzierte Haar ist meist schlicht oder schwach gelockt. Mehrfach zeigt es auch eine an Papuaart erinnernde Kräuselung, und ebenso bildet der keineswegs seltene, wenngleich spärliche oder durch Auszupfen ganz beseitigte Bartwuchs des Mannes einen papuanischen Zug. Besonders Palau und Ruk sind reich an dunkelfarbigen Leuten mit ausgeprägtem Papuatypus, stark gekrümmter jüdischer Nase, dichtem Bart und üppigem Kraushaar. Doch dürfte das wollartig gekräuselte Haar vieler Eingeborener nicht zum wenigsten auch von der intimen Berührung der weiblichen Bevölkerung mit der schwarzen Mannschaft der zahlreichen Walfischfänger herrühren, die jährlich die Inseln aufsuchen und wochenlang dort verweilen, um sich mit Nahrung zu versorgen oder Ausbesserungen vorzunehmen.

Die Charaktereigenschaften der Karolinier haben eine sehr verschiedene Beurteilung erfahren. Die Eingeborenen machen im allgemeinen den Eindruck einer stolzen, sympathischen Bevölkerung, die durch Güte und Gerechtigkeit leicht zu lenken sein wird, während sie die spanische Gewaltherrschaft zu tapferem Widerstand aufreizte. Im Gegensatz zu den fremdenfeindlichen Papuas, deren verschlossenes, grausames, heimtückisches und dabei feiges Wesen die Verwaltung und wirtschaftliche Erschliessung der Melanesischen Inselflur aufs äusserste erschwert, kamen die Karolinier wie alle Polynesier den Fremden freundlich und verständnisvoll entgegen. Vom schlimmsten Papualaster, der Menschenfresserei, scheinen sie frei geblieben zu sein, und ältere Reisende sind des Lobes voll über die Sanftmut, Friedfertigkeit, Gutmütigkeit und Zutraulichkeit des bescheidenen, gastfreien Volkes. Leider hat der Verkehr mit den oft recht minderwertigen europäisch-amerikanischen Elementen und die schlechte Behandlung seitens der Spanier den Charakter der Eingeborenen höchst ungünstig beeinflusst, und das schlechte Vorbild der Weissen [1]) trägt vielmehr als die melanesische Rassenmischung die Schuld daran, dass man die einst über Gebühr gepriesenen Insulaner später als die miserabelsten aller Kreaturen bezeichnet hat, die unaufrichtig, geizig, lügnerisch, diebisch, unfreundlich und in schlau berechnender Gewinnsucht nur auf ihren eigenen Vorteil bedacht seien. Das ganze Denken und Handeln der Eingeborenen, vor deren seeräuberischen Gelüsten man wiederholt warnte, gehe darauf hinaus, möglichst viel zu nehmen und möglichst wenig zu geben. Sicherlich ist diese Betonung der schlech-

---

[1]) In den 50er Jahren des 19. Jahrhunderts wurden sämtliche Männer der Ngatikgruppe von Walfischfängern und Eingeborenen aus Ponape ermordet, um die dort aufgespeicherten Schildpattschätze zu erbeuten.

ten Eigenschaften übertrieben, und unter der geordneten deutschen Verwaltung sind bereits mannigfache Wandlungen zum Bessern eingetreten. Namentlich die Yaper haben sich als höchst willig und bildungsfähig erwiesen, und für die ziemlich hohe Entwickelung der geistigen Fähigkeiten spricht unter anderm die Thatsache, dass die 30 Yapleute, die sich in die Polizeitruppe einreihen liessen, schon nach dreimonatlicher Ausbildung es im Exerzieren und Schiessen mit jedem deutschen Soldaten aufnehmen konnten. Der Versuch, Palau-Insulaner zum Polizeidienst zu verwenden, hat ebenfalls ein unerwartet gutes Ergebnis gehabt.

Sittenschatz und soziales Leben zeigen gleichfalls mancherlei Berührungen papuanischer und polynesischer Eigentümlichkeiten.

Polynesisch, aber in starkem Verfall begriffen ist die schroffe, zum Teil sehr verwickelte Ständegliederung und patriarchalische Verfassung, die einer geordneten Verwaltung eine willkommene Handhabe bietet. Man unterscheidet zwei grosse Klassen, die der Häuptlinge und Adeligen und diejenige der Untergebenen oder Gemeinen. Dazu kommen auf Yap noch Unfreie oder Sklaven, die fast den vierten Teil der Inselbewohner ausmachen und in besonderen Dörfern wohnen. Die Gemeinen besitzen in der Regel kein Grundeigentum. Sie müssen die Vornehmen mit Nahrungsmitteln versorgen, ihre Felder bebauen und andere Arbeiten verrichten und dürfen weder Haarkamm, noch Muschel- oder Schildpattschmuck tragen, so dass die Rangunterschiede schon äusserlich erkennbar werden. Der Freie darf eine Sklavin, ein Sklave aber nie eine Freie heiraten. Doch sind wegen des stark ausgeprägten Kastengeistes Verbindungen zwischen den beiden Ständen äusserst selten und finden meist bloss innerhalb der einzelnen Klassen statt. Die Kinder von Sklaven sind wieder Sklaven.

Die Häuptlinge sind denselben Gesetzen unterworfen wie das gewöhnliche Volk. Ihre Macht beruht vor allem auf ihrem persönlichen Einfluss, und ihr Vorbild entscheidet, ob ihre Untergebenen gut oder schlecht sind. Es giebt 12 Rangklassen von Häuptlingen mit verschiedenen Würden, die alle mit grosser Unterwürfigkeit behandelt werden. Dem König darf man sich nur in gebückter Haltung nähern und leise mit ihm sprechen. Die Etiquette verlangt sogar, dass dem Handkorb des Königs die gleiche Verehrung wie ihm selbst gezollt wird. Der König geht aus der Zahl der grösseren Häuptlinge hervor und hat eine Art Minister oder Nebenregenten zur Seite, während die Bezirke von den Bezirkshäuptlingen, die Ortschaften von den Dorfhäuptlingen verwaltet werden. Sie alle muss der König bei wichtigen Angelegenheiten um Rat fragen.

Zum Adel gehören auch die Priester, die wiederum in zwei Klassen zerfallen. Die Hauptrolle spielen die Oberpriester, weil sie in ihrer Person die Eigenschaften eines Arztes, Regenmachers, Zauberers, Wahrsagers und Traumdeuters vereinigen. Sie verstehen sich auf die Kenntnis giftiger und heilsamer Kräuter, und ihnen liegt die Ausübung des religiösen Kultes, die Leitung der Feste und die Beseitigung von Hungersnöten, Dürren und anderen Notständen ob. Neben den Priestern vermitteln auch die Häuptlinge den Verkehr mit den gefürchteten Geistern, um so mehr als sie selbst die meiste Anwartschaft haben, nach ihrem Tode als Geister verehrt oder gefürchtet zu werden.

Echt polynesisch ist ferner die Sitte der Kawabereitung und der Tabuverbote, die sich vornehmlich auf die Fischerei und die zeitweise Benutzung der Baumfrüchte beziehen, so dass dem religiösen Brauch ein praktischer Beweggrund, die Schonung der Nahrungsmittel, zu grunde liegt. Echt papuanisch ist dagegen die politische Zersplitterung und Kleinstaaterei, die selbst der uralte Schiffsverkehr zwischen den Inseln nicht zu beseitigen vermochte. Auf der central gelegenen Rukgruppe hat der besonders lebhafte Warenaustausch Vertreter sämtlicher Stämme der mittleren Karolinen zusammengeführt, die sich aber gegenseitig fremd d. h. feindlich gegenüberstehen und, in zahlreiche kleine Gemeinschaften aufgelöst, entweder in offenem Krieg oder in unsicherem Frieden miteinander leben. In den übrigen Teilen des Archipels giebt es ebenfalls Kleinstaaten in grosser Menge, zwischen denen Reibungen und Zusammenstösse leicht und häufig sind. Fast jede Insel oder jedes Dorf ist für sich ein politisches Gebilde, von denen auf den grösseren Inseln so viele vorhanden sind, dass Yap in 58, nach anderen sogar in 80 unabhängige Bezirke mit eben sovielen Häuptlingen zerfällt, von denen jedoch einige im Bundesverhältnis miteinander stehn. Palau gliedert sich in 18 selbständige Inselreiche, deren Macht wechselte, bis Korror mit Hilfe schiffbrüchiger Engländer, die Feuerwaffen und Mannschaften stellten, sich im 18. Jahrhundert mehrere Nachbarstaaten unterwarf und seine Oberhoheit nach und nach über ganz Palau ausdehnte. Eigentümlich sind jenem Archipel noch die Klubs, die Kaldebekel oder Klöbbergölls, in die sich das regierte Volk teilt. Jeder Klub besitzt einen dem Häuptling verantwortlichen Führer und ein eigenes Klubhaus oder Baj, das den Mitgliedern als Schlafraum dient. Die Mitglieder dieser Klubs, in welche schon die Knaben eintreten müssen, haben bei schwerer Strafe gemeinsame öffentliche Arbeiten zu verrichten und erlangen gleich den ähnlich organisierten Bruderschaften auf Ponape unter Umständen einen solchen politischen Einfluss, dass sie auf eigene Faust Krieg führen und dass selbst mächtige Häuptlinge vor ihnen nicht sicher sind. Auf Palau haben auch die Frauen ihre eigene unabhängige Regierung und ihre Damenklubs mit besonderer Gerichtsbarkeit und einer Königin, der mehrere Häuptlingsfrauen zur Seite stehen. Die weibliche Regierung ist ebenfalls eine Macht, mit der die Häuptlinge rechnen müssen. Sie überwacht die Ordnung unter den Frauen und hält Gericht über weibliche Angelegenheiten, ohne dass die Männer sich einmischen dürfen. Um die gesellschaftlichen Einrichtungen Palaus noch schwieriger zu machen, übt endlich auch die Priesterschaft eine theokratische Nebenregierung aus.

Die Strafen bestehen ausschliesslich in Geld, das im Leben der Karolinier eine Hauptrolle spielt. Mit Geld ist alles zu machen, mit ihm kann selbst die Todesstrafe abgewendet und ein Mord gesühnt werden. Auf Palau ist ein eigentümliches Geld aus Glas, Jaspis, Porzellan, Emaille und künstlichen Perlen im Gebrauch, das genau wie unser Geld von Hand zu Hand geht und sich in drei Hauptgruppen mit 15 verschiedenen Wertsorten gliedert. Doch kennen die meisten Palauer nur den geringsten Teil derselben, da die teueren Stücke im Werte bis zu 15000 Mark sich bloss in wenigen Exemplaren in der Hand der Reichen und der Häuptlinge befinden und meist ausser Umlauf sind. Die Herkunft dieses Geldes ist dunkel, und die Palauer schreiben ihm göttlichen Ursprung zu. Da man aber nirgends in Polynesien seine Herstellung versteht, so muss es unzweifelhaft eingeführt sein und stammt wahrscheinlich irgendwoher aus Asien. Diesem Umstande verdankt es seine Wertschätzung. Die Bestrebungen fremder Händler, das einheimische Geld durch moderne Münze zu verdrängen, sind ebenso gescheitert wie die Versuche, es nachzumachen. Denn die Eingeborenen wissen die echten Stücke von den unechten leicht zu unterscheiden, indem sie dieselben beim Abschluss eines Geschäfts genau besehen, belecken, beriechen, abwischen, an der Nase reiben oder gegen das Licht halten, um sich von ihrer Beschaffenheit zu überzeugen.

Auch auf Yap ist seit alters Geld als Zahlungsmittel bekannt. Zum Unterschied von dem handlichen Palaugeld besitzt es aber eine höchst eigentümliche, schwerfällige Gestalt. Es besteht nämlich aus runden Steinen von der Form und Grösse eines Schweizerkäses bis zu Mühlsteingrösse, und zwar aus Aragonit, einem rhombisch kristallisierten, feinkörnigen Kalk, der auf Yap selbst nicht vorkommt, sondern aus seiner immerhin weit entfernten Heimat, den Palau-Inseln, unter Schwierigkeiten aller Art herbeigeschafft werden muss. Nachdem der Häuptling seine Einwilligung gegeben hat, fährt eine Anzahl junger Leute unter Benutzung des Nordostpassates nach Palau, holt von dem dortigen Häuptling gegen Erlegung von Geschenken die Erlaubnis zur Ausbeutung des Steinbruchs ein und beginnt dann mit der Arbeit, die wegen der einfachen Instrumente, mit denen sie vorgenommen wird, ausserordentlich mühsam ist und mehrere Monate in Anspruch nimmt, worauf man mit dem im Sommer einsetzenden Südwestmonsun wieder nach Hause zurückkehrt. Da aber die Boote für derartige Lasten nicht eingerichtet sind, so müssen Flösse, die von den Canoes gezogen werden, den Transport vermitteln, was bei kompassloser Steuerung und stark bewegter See wiederum höchst mühselig und keineswegs ungefährlich ist. Gar mancher hat den sauer gewonnenen Schatz und in dem Bestreben, die kostbare Last zu retten, das eigene Leben verloren. Das Brechen, Behauen und die Verschiffung des Steingeldes verlangen also viele Arbeitskräfte, Unkosten und Beschwerden, und in dieser Unsumme von Arbeitsleistung oder richtiger Arbeitsverschwendung ist der hohe Wert des Steingeldes begründet, der es mit sich bringt, dass die grösseren Stücke, die behufs leichterer Fortschaffung in der Mitte ein Loch zum Durchstecken eines Stabes haben, meist Eigentum der gesamten Gemeinde sind. Sie werden mehr zum Ansehen und Prahlen als zum praktischen Gebrauch vor den Gemeindehäusern und längs der Wege aufgestellt, so dass auf Yap das Geld im wahrsten Sinn des Wortes auf der Strasse liegt. Mit einem schön behauenen grossen Stein erkauft man im Kriege Bundesgenossenschaft oder zahlt Busse, so dass das deutsche Bezirksamt durch die eingegangenen Strafgelder im buchstäblichen Sinn steinreich geworden ist. Als Scheidemünze dienen kleinere Stücke desselben Gesteins oder auf Schnüre aufgereihte Perlmutterschalen. Mit einem Stückchen Steingeld von Tellergrösse und Armesdicke deckt eine Familie den monatlichen Bedarf an Lebensmitteln. Da aber heute europäische Schiffe den Transport des Steingeldes besorgen und grosse Mengen desselben nach Yap bringen, so ist infolge der erleichterten Zufuhr der Kurswert des Geldes erheblich gesunken. Immerhin mag es noch lange dauern, bis die Yaper ihm gänzlich entsagt und sich an weniger unhandliche Umlaufsmittel gewöhnt haben werden.

Wo die Mission ihren Einfluss noch nicht geltend gemacht hat, herrscht Vielweiberei, die insofern von praktischer Bedeutung ist, als die Frauen und deren Hilfskräfte, die Kinder, durch ihre Arbeit den Wohlstand des Hauses vermehren. Doch haben nur die Wohlhabenden mehrere Frauen, die sich überall einer angesehenen Stellung und guten Behandlung erfreuen. Der Mann zieht meist zum Stamme seiner Frau und kehrt nach deren Tode gewöhnlich mit Zurücklassung der Kinder in sein Dorf zurück. Nach dem im gesamten Pacifik gebräuchlichen Mutterrecht richten sich Vaterlandszugehörigkeit und Nachkommenschaft nach dem Stand der Mutter. Dem König folgt in der Regierung nicht der eigene Sohn, sondern der Sohn seiner Schwester. Dieses Erbrecht, das wahrhaft chaotische Verhältnisse entstehen lässt, verliert indes immer mehr an Bedeutung.

Die eheliche Treue der Ehefrauen wird überall gerühmt, während der geschlechtliche Verkehr der Unverheirateten wie allerorts in der Südsee sehr frei ist. In Mikronesien ist nämlich die papuanische Sitte verbreitet, dass die ledigen Jünglinge im Gemeinde- oder Klubhaus schlafen. Dort finden sich aus auswärtigen Ortschaften heiratsfähige Mädchen, die Armengols oder Armunguls der Palauer, ein, mit denen sich bald ein zwangloser Verkehr entspinnt. Hat ein Mädchen mit 10 bis 12 Jahren noch keinen Mann bekommen, so geht es als Armengol in einen fremden Bezirk und lebt dort mit allen Männern des Bajs oder als Geliebte eines derselben so lange, bis es die eheliche Frau eines Eingeborenen geworden ist. Oder es kehrt reich beschenkt und ohne an seinem Ruf Schaden gelitten zu haben, nach Hause zurück, wo es wegen der mitgebrachten Ersparnisse als Ehefrau ebenfalls sehr gesucht ist. Da auf Palau auch die verheirateten Männer in den Klubhäusern schlafen und mit den Armengols in wilder Ehe leben, so ist dort ein eigentliches Familienleben kaum vorhanden, um so mehr, als die Frau noch für den Unterhalt der Armengols zu sorgen hat. Ist sie ihrem Mann böse oder hat sie sonst einen Grund zur Unzufriedenheit, so siedelt sie ebenfalls für kürzere oder längere Zeit ins Baj über. Aus diesem Brauch hat sich eine eigenartige Keimform der Prostitution entwickelt, die zugleich eine Lockerung der ehelichen Verhältnisse bedeutet. Kein Wunder, dass die Ehen, die eben so leicht geschlossen wie gelöst werden können, zu drei Viertel kinderlos bleiben. Die meisten Palauer entstammen dem freien Umgang mit jenen fahrenden Mädchen. Adoption von Kindern ist ebenfalls allgemein üblich und hat eine verwickelte Kette von Verwandtschaften im Gefolge.

Die heimatliche Natur gab den Karoliniern trotz vieler kleiner Sonderzüge eine wesentlich gleiche Lebensrichtung. Die andauernd hohe Temperatur machte die Kleidung fast entbehrlich, so dass sie viel unvollständiger als bei den Polynesiern ist. Papuanisches Nacktgehen soll früher unter den Männern in Palau allgemein üblich gewesen sein und ist dort auch heute noch nicht überall abgekommen. Innerhalb ihres Wirkungsbereiches hat die christliche Mission eine unschöne Kleidung eingeführt, leider nicht selten auf Kosten der Gesundheit, weil die Eingeborenen die Kleider, auch wenn sie durchnässt sind, stets auf dem Leib behalten und sich dadurch naturnotwendig Rheumatismus, Erkältung und andere Krankheiten zuziehen müssen. Sonst begnügt man sich mit einer schmalen Schambinde, mit feinen Matten oder einem einfachen Lendenschurz aus bunt gefärbten Blättern und Bananenfasern, den man auch unter der europäischen Kleidung trägt. Sehr beliebt ist ferner ein kurzer Rock aus Kokosblattstreifen, und um vornehm und elegant gekleidet zu sein, muss man mindestens sechs solcher Röckchen anziehen. Zuweilen bedeckt man den nackten Oberkörper mit einem ponchoartigen Überwurf und trägt beim Fischfang einen breiten, spitzen Hut aus Pandanusblättern. Da Hosen- und Rocktaschen fehlen, so hat man beim Ausgehen stets ein aus Palmblattstreifen geflochtenes Körbchen in der Hand, in dem Tabak, Feuerzeug, ein Holzkeil zum Spalten der Kokosnüsse und andere unentbehrliche Kleinigkeiten des täglichen Gebrauches enthalten sind. Auch eine flach gepresste, wie ein längliches Brett aussehende Blattscheide der Betelpalme wird von den Männern beim Ausgehen stets mitgenommen, um sich unterwegs darauf setzen zu können. Auf einigen Inseln wird als merkwürdige Zuthat zur Kleidung ein Gürtel benutzt, der aus mehreren Hunderten fein geschliffener Muschelscheibchen oder aus 15—20 nebeneinander laufenden Schnüren aus kleinen, runden Kokosscheibchen besteht, deren Zahl bei einem zwanzigschnürigen Gürtel auf 12000 und mehr solcher Blättchen geschätzt wird. Dieses mühsam anzufertigende Schmuckstück ist daher der geschätzteste Teil der Tracht.

Der Schmuck, bei dem die verschiedensten Kleinigkeiten, namentlich Muscheln, Schildpatt, Federn, Kokosschalen und Blumen zur Verwendung kommen, ist überhaupt sehr beliebt und reichhaltig wie wohl nirgends wieder in der Südsee. Ein Mikronesier, der bei Festlichkeiten seine sämtlichen Zierraten an sich trägt und am ganzen Leib mit Schnüren und Ketten bedeckt ist, macht einen überladenen Eindruck. Beide Geschlechter lieben Armringe, Halsbänder und Ketten und durchbohren die Ohrläppchen, um sie mit allerlei Gegenständen, Pflöcken, Blättern, wohlriechenden Blumen, Perlen, Tabakspfeifen und Rauchgerät zu schmücken. Oft werden dadurch die Öffnungen so erweitert, dass die Läppchen bloss noch als dünne Hautstränge erscheinen, deren Inhalt in unförmlichen Klumpen auf den Schultern liegt. Die früher beliebte polynesische Sitte der Tätowierung, die hauptsächlich Oberarm und Oberschenkel mit zierlichen dunkelblauen Streifenmustern bedeckt — das Gesicht bleibt frei —, kommt wegen des grossen Schmerzes, mit dem sie verbunden ist, und unter dem Einfluss der Mission mehr und mehr in Abnahme. Sklaven dürfen sich nicht tätowieren. Im übrigen steigt die Tätowierung mit dem Rang. Nicht allein aus Eitelkeit, sondern auch wegen der wohlthätigen Wirkung auf das Wohlbefinden des nackten Insulaners und um das in den Tropen weit verbreitete lästige Hautjucken zu mildern, wird die Haut gern mit dem Pulver der Gelbwurz (Curcuma) eingerieben. Bei der vielfach herrschenden Unreinlichkeit sind Hautkrankheiten nichts ungewöhnliches. Besonders häufig ist ein die äussere Erscheinung beeinträchtigender, aber nicht als Leiden empfundener schuppiger Ausschlag. Viel schlimmer ist die stellenweise nicht seltene Lepra.

Grundverschieden von den Karoliniern erweisen sich die Palauer beim Tragen von Leibesschmuck. Bei den Frauen beschränkt er sich auf eine dünne Schnur aufgereihten Steingeldes, und der einzige Männerschmuck ist der Klilt, ein aus dem Atlaswirbel des Dugong verfertigtes manschettenartiges Armband, ähnlich dem aus bearbeiteten Exemplaren der Kegelschnecke bestehenden Jatau der Yaper. Der Klilt ist kein Zeichen der Würde, auch kein Orden, dessen Tragen lediglich den Häuptlingen zusteht, sondern nichts anderes als ein sehr teures Armband, dessen Wert in seiner Seltenheit und darin beruht, dass die Häuptlinge das Vorkaufsrecht für jeden gefangenen Dugong haben. Der Preis jenes Seesäugetiers steigt bis 1500 Mark, wozu die Verfertigungskosten für das Armband kommen, so dass bloss reiche Leute sich den viel begehrten Schmuck anschaffen können. Da man die Wirbelöffnung nur wenig erweitert, so ist das Überstreifen des Klilt höchst mühsam und verursacht oft schwere Beschädigungen der Hand, weshalb der sonderbare, mit vielem Geld gekaufte und mit grossem Schmerz angelegte Schmuck bloss unter ganz besonderen Umständen abgenommen wird.

Am buntesten schmückt man sich zu den Tänzen, denen man leidenschaftlich ergeben ist und meist bis in die frühen Morgen hinein obliegt. Zuweilen sind sie unentbehrliche Bestandteile des Gottesdienstes oder finden zur Erntezeit auf Anordnung der Häuptlinge statt, um die Geister und Gottheiten friedlich zu stimmen. Sie sind entweder obscöne

Bewegungen auf der Stelle oder elegant ausgeführte Reigen mit kunstvollen, schwierigen Verschlingungen, die öfters monatelanger Einübung bedürfen. Eifersüchtig wacht jeder Erfinder eines neuen Tanzes darüber, dass ihm ein Nebenbuhler nichts nachmacht. Auf den Marshall-Inseln hat sogar ein Häuptling einen andern wegen Tanzfigurendiebstahls oder, wie wir sagen würden, wegen Verletzung des Musterschutzgesetzes verklagt. Die Tänze werden von Gesängen begleitet, und es giebt einen besonderen Dichter- und Sängerberuf, der in hohem Ansehen steht und auf grossen Festen die neugedichteten Lieder prüft. Doch sind ausser auf Ponape Musikinstrumente unbekannt; nur die zum Kriegsruf dienende Muscheltrompete findet Verwendung.

Hauptbeschäftigung sind Ackerbau und Fischfang. Die Flechtindustrie und die im gesamten Südseegebiet bloss auf den Karolinen heimische Handweberei liegen in der Hand der Frauen. Die Weberei ist am vollkommensten auf Kusaie entwickelt, während sie auf Yap nicht mehr geübt wird und auf Palau gänzlich unbekannt geblieben ist. Sie wird mittelst eines primitiven Webstuhls betrieben, der, ein Unikum in Polynesien, dem Webstuhl von Santa Cruz, einem Unikum in Melanesien, sehr nahe steht. Auch das Anfertigen von Matten, Körben und Gürteln, die auf verschiedene Weise gelb, rot, blau und schwarz gefärbt werden, sowie die Zubereitung der Speisen und die Führung des Haushaltes ist Sache der Frauen. Von ihnen wurde endlich noch und zwar ohne Drehscheibe die den Polynesiern völlig fremde, in Neuguinea dagegen wohlbekannte Töpferei betrieben, eine Kunstfertigkeit, die seit Einführung eiserner Geschirre so gut wie ganz aufgehört hat.

Die Lieblingsbeschäftigung der Männer ist der Handel. Die Karolinier, insbesondere die Bewohner der centralen Gruppen, sind wohl das rührigste Handels- und Kaufmannsvolk des Stillen Ozeans, und schon vor Ankunft der Europäer bestand ein lebhafter Verkehr von Insel zu Insel. Er führte 1788 zur Entdeckung des seitdem regelmässig und ohne Kompass von grossen Gesellschaften benutzten Seeweges nach den Marianen und zur Entstehung der blühenden karolinischen Kolonie auf Saipan. Untereinander tauschten die Karolinier die Erzeugnisse ihres Ackerbaues und Gewerbfleisses, vornehmlich die nur auf wenigen Inseln angebaute, aber von allen dringend verlangte Gelbwurz aus oder kauften die Waren gegenseitig in aller Form um Geld, während von den Europäern Waffen, Geräte und geistige Getränke eingehandelt wurden.

Dass ein so handelslustiges Volk tüchtige Bootbauer und erfahrene Schiffer besitzen muss, ist selbstverständlich. Die Boote sind

7—20 m lange ausgehöhlte Einbäume mit spitzem Kiel oder bestehen aus mehreren Stücken, die durch Taue und Schnüre zusammengehalten oder gleichsam zusammengenäht werden. Vorderes und hinteres Ende sind gleich spitz gebaut und werden auch abwechselnd gleichartig benutzt. Ein seitlich angebrachter Ausleger oder Schwimmbalken macht die langen, schmalen Fahrzeuge erst zur Schiffahrt brauchbar, indem er sie aufrecht hält und bei bewegter See vor Kentern schützt. In der Mitte der Fahrzeuge, zwischen Boot und Ausleger, befindet sich eine Plattform, die durch ein Dach oder eine Hütte geschützt werden kann und zur Aufnahme von Personen und Gepäck dient. Die oft mit zierlichen Schnitzereien versehenen Boote führen ein dreieckiges Mattensegel an beweglichem Mast und leisten, wie die grosse Zahl freiwilliger und unfreiwilliger Hochseefahrten beweist, trotz ihrer Gebrechlichkeit Erstaunliches. Erst 1901 haben vom Sturm verschlagene Karolinier einen Weg von. mehr als 2000 Seemeilen zurückgelegt. Die einzige Sorge der Schiffer besteht darin, jederzeit genügend Trinkwasser und Nahrung zu haben. Für kurze Fahrten bedient man sich ausschliesslich der Ruderboote.

Natürlich ist den Karoliniern eine genaue Kenntnis des Himmels und der wichtigsten Gestirne eigen. Sie verstehen geschickt die Dünung zu benutzen und ihre Erfahrungen in eigentümlichen Stäbchenkarten, den Medos der Marshall-Insulaner, niederzulegen. In jedem Boot befinden sich stets zwei Navigateure, die nach den Sternen zu steuern verstehen. Von früher Kindheit an wird nämlich eine Anzahl Knaben in dieser Art der Orientierung unterwiesen, und erst wenn ihre unter sachkundiger Leitung ausgeführten Probefahrten befriedigend ausgefallen sind, wird ihnen die Führung ausgedehnterer Hochseefahrten anvertraut, welche Europäer ohne nautische Hilfsmittel kaum wagen würden. Die geographischen Kenntnisse sind infolge dessen sehr bemerkenswert, und mehrere weitgereiste Karolinier zeichneten Lütke recht brauchbare Karten der Karolinen und Marianen.

Der Hausbau, der namentlich auf Palau eine durch besondere Baumeister geübte Kunst darstellt, die sich vom Vater auf den Sohn forterbt, ist ebenfalls hoch entwickelt und gehört mit dem Bootbau und der Weberei zu den Glanzleistungen der Eingeborenen. Die Wohnhäuser sind trotz grosser Verschiedenheiten im Einzelnen meist rechteckige Hütten von 10—12 m Länge und 5—6 m Breite, die sorgfältig gebaut und oft geschmackvoll verziert werden. Das hohe Giebeldach der luftigen Hütten ruht auf niedrigen Holzpfeilern und geflochtenen Mattenwänden, deren Thür- und Fensteröffnungen mit Matten aus Rohrgeflecht verschliessbar sind, während die einzelnen Hausteile, die sich fachweise herausnehmen lassen, nicht durch Zapfen, sondern durch Kokosfaserschnüre fest verbunden werden. Die Behausungen der Wohlhabenderen sind schon fast vollständig aus Brettern oder sogar ganz aus Stein erbaut. Das solide, wasserdichte Dach aus Palmblatt- oder Pandangblättern wird von den Stürmen öfters abgedeckt. Der Giebel, der hoch und spitzwinklig ist, um die heftigen Regengüsse rasch abfliessen zu lassen, wird gern noch mit einem besonderen Schutzdach unterhalb des weit vorstehenden Hauptdaches versehen. Oft ist das gesamte Haus nichts anderes als ein einziges, steiles Giebeldach. Der mit Matten belegte Bretter- oder Steinboden ruht wie das ganze Haus auf einem 5—6 Fuss hohen steinernen Unterbau aus Korallenkalk- oder Basaltblöcken. Das saubere Innere besteht meist bloss aus einem Raum und ist sehr einfach eingerichtet. Als Feuerherd dient eine flache, mit Steinen ausgelegte Vertiefung, und der geringe Hausrat beschränkt sich auf Körbe, Matten und einiges Küchengerät. Die in Mikronesien noch mehr als bei den Papuas in den Vordergrund tretenden Gemeinde- oder Klubhäuser sind weitläufiger und gewöhnlich länglich-sechseckig gebaut; sie werden auf Kosten der gesamten Gemeinde errichtet. Die Häuser sind zu zerstreuten Dörfern vereinigt, die inmitten der Pflanzungen und Fruchtbäume stets in unmittelbarer Nachbarschaft der Küste liegen und von gepflasterten, heckenumsäumten Wegen durchzogen werden.

Zu den Waffen und Geräten benutzte man wegen des gänzlichen Mangels an Eisen hauptsächlich Holz, Fasern, Knochen, Fischzähne, Schildpatt und Muschelschalen. Als Waffen dienten mit Widerhaken versehene Lanzen und Wurfspeere in mehreren Formen, Schleudern aus Kokosfaser und wuchtige Keulen aus eisenhartem Holz. Bogen und Pfeil sind den Mikronesiern unbekannt. Doch haben europäische Feuergewehre — unter spanischer Herrschaft blühte ein ausgedehnter, jetzt streng überwachter Waffenschmuggel — die alten Waffen fast völlig verdrängt, so dass sie, weil keine neuen mehr verfertigt werden, bereits zu den wertvollsten Gegenständen der ethnographischen Museen gehören. Ebenso sind die primitiven Beile, die aus geschliffenem Basalt oder aus der Riesenmuschel hergestellt und durch zähen Kokosfaserbast fest mit dem Axtstiel verbunden waren, längst durch eiserne Beile und Messer ersetzt worden. Zur wenig mühsamen Bodenbearbeitung genügte ein Holzspaten oder ein zugespitzter Grabstock.

Die Karolinier führen eine einfache Lebensweise und sind im wesentlichen Vegetarier, da die früher (vgl. S. 45) erwähnten Nähr-

früchte ihre Hauptnahrung ausmachen. Zu dieser Grundlage des täglichen Lebens liefert die Landfauna Tauben, Hühner und einige andere
Vogelarten; auf· Ponape gelten Hunde, wo Schweine eingeführt sind,
diese als Festspeise. Vor allem aber liefert das Meer die notwendige
Fleischnahrung und Zukost in Gestalt von Muscheln, Krebsen und
Fischen, die man in eigens ausgebrochenen Gruben täglich auf dem
Riff fängt, wenn das Meer zur Ebbezeit zurückweicht. Noch häufiger
benutzt man zum Fischfang Reusen, Netze und Speere oder bedient
sich als eines besonders wirksamen Fischgiftes der Liane Derris elliptica,
deren zerstossene und ausgestreute Wurzeln schon nach einer Stunde
die Fische töten oder betäuben. Ein wochenlang andauerndes Freuden-
fest bildet für die leichtlebigen, vergnügungssüchtigen Insulaner der Fang
der fliegenden Fische. Ganze Flottillen ziehen nachts aufs Meer, um
die Tiere durch Fackelschein anzulocken und sie zu Tausenden zu er-
haschen. Die Nahrung wird nach polynesischer Art nicht auf offenem
Feuer, sondern, in Blätter eingewickelt, zwischen heissen Steinen zu-
bereitet. Doch bedient man sich zum Kochen immer mehr der von
den Europäern eingeführten eisernen Öfen, während die Verwendung
von Salz und Gewürzen nach wie vor unbekannt ist. Wasser und
Kokosmilch sind die gewöhnlichen Getränke. Auf Kusaie und Ponape
trinkt man auch Kawa, deren Wurzeln jedoch nicht gekaut, sondern in
reinlicherer Weise zerstossen und mit Wasser vermischt werden. Der
Tabak ist erst von den Europäern eingebürgert worden, wird aber jetzt
allgemein benutzt. Auf Palau und den westlichen Karolinen ist auch
die Sitte des Betelkauens heimisch.

Das 19. Jahrhundert fügte die Karolinen allmählich ins Getriebe
des Welthandels ein. Die Trepangfischerei gab den ersten Anstoss,
worauf Walfischfänger, Händler und Missionare den Eingeborenen europäische Gesittung brachten. Das war vielfach ein Danaergeschenk, weil
desertierte Matrosen und andere fragwürdige Elemente die ersten Kultur-
träger waren. Sie verbreiteten Unzucht und Trunksucht und schädigten
die Insulaner an Körper und Geist. Doch hatten auf der andern Seite
auch die abnormen ehelichen Verhältnisse, die zum Teil künstlich verursachte Unfruchtbarkeit der Frauen, übermässige geschlechtliche Aus-
schweifungen, Sittenlosigkeit und nicht zuletzt die infolge der Kleinstaaterei fast unaufhörlichen Stammesfehden einen erschreckenden Rückgang der Volkszahl hervorgerufen. So häufig aber die oft aus Trunkenheit
oder aus andern sehr geringfügigen Ursachen entstandenen Zusammenstösse waren, so unblutig verliefen sie ursprünglich, da sie nach Verlust

weniger Toter schnell wieder zum Frieden führten. Die Unterlegenen wurden nicht weit verfolgt, die Pflanzungen der Besiegten bloss in geringem Mass verwüstet. Die Gefangenen schonte man; nur in sehr seltenen Fällen wurden sie dem Kriegsgott des Stammes geopfert. Auf Ponape wurde der Krieg feierlich angezeigt und Tag und Schlachtfeld bestimmt. Auf Palau ging man einem offenen Zusammenstoss möglichst aus dem Wege und suchte nach feiger melanesischer Art den Gegner hinterlistig zu überfallen oder irgend ein wehrloses Mitglied eines andern Stammes zu erschlagen, um den abgeschnittenen Kopf als Siegestrophäe heimzubringen und ihn gegen Geld in den befreundeten Gemeinden zur Schau zu stellen. Viel furchtbarer als diese Kriege, die allerdings auf Ruk zu rücksichtsloser Zerstörung der Ortschaften und Pflanzungen ausarteten, haben die von den Europäern mitgebrachten Krankheiten gehaust und die zu wiederholten verlustreichen Aufständen führenden Drangsalierungen der Spanier gewirkt. 1854 rafften die Blattern, die durch das gewissenlose Aussetzen eines an dieser bösartigen Seuche erkrankten Matrosen eines amerikanischen Schiffes auf Ponape eingeschleppt wurden, 2000 Menschen weg, nachdem die unglückliche Insel schon 1843 durch Dysenterie, 1845 durch Influenza schwer heimgesucht worden war. Noch in jüngster Zeit, bei Übernahme der deutschen Verwaltung, herrschte eine starke Keuchhusten-Epidemie, die weder Kinder noch Erwachsene verschonte und eine grosse Kindersterblichkeit verursachte. Auch das sympathische, bildungsfähige Völkchen der Yaper wird durch Schwindsucht, Gonorrhoe, Syphilis und andere in schwerer Form auftretende Krankheiten, die zweifellos eine Folge der früheren Berührung mit den rohen Abenteuerern aus aller Herren Länder sind, in erschreckendem Masse gelichtet. Doch bemerkt Robert Koch, dass das, was man häufig für Syphilis hält, nichts anderes sei als die in der Südsee weit verbreitete Frambösia.

Wenn indes die Zahl der Kusaie-Insulaner binnen 25 Jahren (1855/80) trotz des Christentums von 1100 auf 400, die der Palauer in 100 Jahren von 40000 auf 4000 zurückgegangen ist[1]), ohne dass verheerende Seuchen die Schuld trugen, so ist es vor allem der Missmut über den ver-

---

[1]) Nach einer wohl übertriebenen Annahme zählte Palau um die Mitte des 18. Jahrhunderts 40—50000 Einwohner. Semper schätzte sie bei seiner Anwesenheit auf 10000, während Kubary für den gleichen Zeitraum (1862) bloss noch 5000 annimmt. 1884 veranschlagte man die Menge der Palauer auf 4000, 1902 wurden 3823 gefunden. Überall findet man auf Baobeltaob verlassene Hausruinen und verwilderte Pflanzungen als Zeugen einer einst dichteren Bevölkerung.

sagenden Erfolg im Wettbewerb mit den Weissen, das Erlahmen der
Kraft und die geistige Versumpfung, die diesen Naturkindern am Leben
zehren und ihre alten Sitten, Tracht, Lebens- und Anschauungsweise
und ihre Schaffensfreude verkümmern. So schreitet rascher noch als
der Rassentod das Absterben der ursprünglichen Eigenart und alten Kultur
über die Inseln als eine Wirkung der europäischen Zivilisation, die oft mit
dünkelhafter Überlegenheit und in völliger Unkenntnis der bestehenden
Verhältnisse die vielfach recht praktischen, als gut erprobten und einen
keineswegs niedrigen Bildungsgrad verratenden Einrichtungen der soge-
nannten Wilden zerstörte, ohne Besseres an ihre Stelle zu setzen. Die
Folge war ein anarchischer Zustand, an dem der Eingeborene als
schwächerer Teil allmählich zu Grunde gehen muss. Die alten Künste
und Gewerbe, welche die Karolinier als eines der begabtesten Südseevölker erscheinen liessen, schwinden angesichts der vollkommeneren
europäischen Waren und eisernen Werkzeuge rasch dahin oder sind
bereits in Vergessenheit geraten, weil den fremden Erzeugnissen gegenüber die eigenen Arbeiten, die man mühsam mit primitiven Werkzeugen
anfertigen musste, als minderwertig und wenig brauchbar erscheinen.
Die einst so hoch entwickelte Schiffahrt geht rasch zurück, die ausgedehnten Seereisen haben aufgehört und erstrecken sich nicht mehr
weit über das die Inseln umsäumende Aussenriff hinaus, der Bau der
alten Boote, die Herstellung kunstvoller Waffen und Schnitzereien wird
immer seltener, seit man diese Gegenstände viel besser und billiger von
den Europäern erhalten kann. Zahlreiche Dinge des täglichen Lebens
vermag man schon nicht mehr anzufertigen, weil die Einfuhr europäischer
Waren und Geräte sie reichlich ersetzt und weil obendrein durch diese
Erleichterung des Kampfes ums Dasein die angeborene Faulheit des
Insulaners noch vermehrt wird. Wozu soll er sich anstrengen, um
nach alter Sitte durch Reiben zweier Hölzer Feuer zu machen, da
er jetzt die Zündhölzer um einen geringen Preis kaufen kann? Unter
der Gunst des Klimas und eines leichten Lebenserwerbes ist auch der
Trieb zur Arbeit leicht geschwunden. Die Befriedigung der Lebens-
bedürfnisse erfordert geringe Anstrengungen, und alle Wünsche werden
beim Tauschhandel gegen Kopra leicht erfüllt. Nur auf den ärmeren
Inseln hat das harte Ringen um das tägliche Brot den Gewerbfleiss
und den nautischen Wagemut der Insulaner noch aufrecht erhalten.
Allerdings haben die eingeführten fremden Erzeugnisse die Daseinsbedingungen und das ursprüngliche Volkstum hier ebenfalls aufs schwerste
erschüttert.

Die grossartigste Erinnerung an die glänzendere Vergangenheit und das Gegenstück zu den Ruinenstätten der Marianen sind jene staunenswerten Cyklopenbauten aus riesigen Basaltblöcken, die haushoch und in stadtartiger Anlage in Ponape auf dem Riff von Metalanim, auch Nan Matal oder Nan Tauatsch (Platz der Wasserwege) genannt, und auf dem Inselchen Lele oder Pot Falat im Hafen von Kusaie angetroffen werden. Die Bedeutung dieser von Mangroven und Schlingpflanzen überwucherten, mehr durch ihre gewaltige Grösse als durch sorgfältige Herstellung wirkenden Trümmerreste, die als stumme Zeugen längst entschwundener, von einem einheitlichen Willen beherrschter Thatkraft früherer Geschlechter im Stillen Ozean nicht ihresgleichen haben, ist noch unsicher. Wahrscheinlich waren sie Königsgräber, Unterbauten von Häusern, Wohnstätten und Verteidigungswerke. Da einzelne Blöcke mehr als 4000 kg wiegen, so kann man sich kaum vorstellen, wie sie die Insulaner auf ihren schwachen Fahrzeugen fortzuschleppen vermochten und wie sie bei dem Mangel aller mechanischen Hilfsmittel die einzelnen Quader 5—10 m hoch übereinandertürmten. Man hat deshalb gemeint und diese Vermutung mit allerlei phantastischem Beiwerk ausgestattet, dass die Ruinen von einem ausgestorbenen Kulturvolk oder gar von spanischen Freibeutern errichtet wurden und dass sie ursprünglich auf dem Lande lagen, bis sie eine Strandverschiebung unter Wasser setzte und die ursprünglichen Strassen in Kanäle verwandelte. Da indes steinerne Hausunterbauten, wie man sie in Metalanim und Lele findet, noch heute im Karolinen-Archipel allgemein gebräuchlich sind und da die in mehreren Grabkammern entdeckten Skelettreste und Schmuckgegenstände mit denen der jetzigen Eingeborenen durchaus übereinstimmen, so sind allem Anschein nach deren Vorfahren die Schöpfer jener Bauwerke gewesen, die unter allen Umständen eine erstaunliche Leistung eines in voller Steinzeit lebenden Naturvolkes sind. Die heutigen Insulaner freilich stehen ihnen völlig teilnahmlos gegenüber und wissen bei dem Fehlen jeder Überlieferung nichts über ihre Entstehung zu berichten.

Die Ruinen von Metalanim bedecken eine Fläche von 417 qm und sind auf 50—60 rechteckigen Inselchen angelegt. Zwischen ihnen verläuft ein Netzwerk schmaler Kanäle, die jetzt grösstenteils durch Sand- und Schlammanschwemmungen zugefüllt sind, während ein fester Wellenbrecher längs der tieferen See hinzieht und die schweren Wogen abhält. Das Material zu den gewaltigen Bauten lieferten die benachbarten Steinbrüche, und man kann in einem derselben die behauenen, transportfertigen Steine noch deutlich erkennen, während andere Basaltblöcke, die unterwegs verloren gingen, bald hier, bald dort im seichten Wasser zerstreut sind.

Die Trümmerstätte von Lele ist weniger sorgsam ausgebaut. Sie besteht ebenfalls aus einem Labyrinth von Steinwällen, die von engen Gässchen durchkreuzt werden und zahlreiche gehöftartige Innenräume umschliessen. Die mauerumsäumten Höfe waren noch zu Lütkes Zeit dicht mit Gärten und palmenüberragten Häusern erfüllt und bergen zum Teil noch heute Kokoshaine, Bananenpflanzungen und andere Kulturanlagen. Metalanim dagegen, das mikronesische Venedig, ist völlig menschenleer.

Endlich giebt es auch auf Palau umfangreiche, mühsam aufgeführte Steindämme, die bis 3 km weit ins Meer laufen, 3 m breit sind und selbst die höchste Flut überragen.

Die Religion der Karolinier ist ebenfalls in zunehmenden Verfall geraten. Sie war ein Ahnendienst, für den es besondere Priester gab, und bestand in der Anbetung der Vorfahren oder Ani, namentlich der verstorbenen Häuptlinge, die nach ihrem Hinscheiden in den Körper von Tieren oder Pflanzen übergehen sollten und unter deren Gestalt verehrt wurden. Eigentliche Götterbilder und Tempel waren nicht bekannt. Da die betreffenden Vögel, Fische, Bäume u. s. w. geschont und gepflegt wurden, so war mit dem Geisterglauben zugleich eine Art Totemismus verbunden. Jede Familie, jedes Dorf, jeder Berg, jeder Waldfleck, jedes Thal und selbst das Riff hatte einen solchen Schutzgott, und alle Krankheiten, Todesfälle, Geburten und sonstige Ereignisse wurden übernatürlichen Wesen guter und böser Art zugeschrieben. Die Toten wurden begraben, verbrannt oder ins Meer geworfen und kamen nach dem Mythus der Ponaper entweder ins untermeerische Paradies oder in die unterirdische Hölle, deren kaltes, finsteres Reich von zwei grimmigen Weibern bewacht wurde.

Seit 1852 hat auf den Karolinen die Mission Fuss gefasst und zwar zuerst die amerikanische Boston-Mission, die anfänglich auf mancherlei Schwierigkeiten stiess, dann aber rasch Anklang fand. Sie besitzt heute zwei Hauptstationen (Kusaie, Ponape), zahlreiche Nebenstationen und 7500 evangelische Bekenner (21 $^0/_0$ der Gesamtbevölkerung) und arbeitet mit farbigen Lehrern aus der Südsee, vornehmlich mit Eingeborenen aus Hawaii und aus Ponape selbst, die unter der Aufsicht der weissen Missionare stehen. Zur protestantischen Mission gesellte sich unter spanischer Herrschaft die römisch-katholische Gegenmission der spanischen Kapuziner, die 12 Stationen mit 6 Patres und 8 Laienbrüdern besetzt und von ihren Hauptsitzen Ponape und Yap aus die westlichen Karolinen ihrem Einfluss dienstbar gemacht hat. Beide Missionen haben mehrere Seminare und Schulen errichtet und die Kunst des Lesens und Schreibens mit ziemlichem Erfolg verbreitet. Namentlich die kulturlich verhältnismässig hochstehende Bevölkerung von Kusaie kann geläufig lesen und schreiben und spricht ein ziemlich gutes Englisch. Interessant und erfreulich ist ferner die Thatsache, dass in den von der Mission bearbeiteten Bezirken die Bevölkerung neuerdings wieder langsam zunimmt. Im übrigen sind die Insulaner über die äusseren Formen des Christentums nicht weit hinausgekommen. Der alteingewurzelte Aberglaube besteht noch fort. Auch hat sich die amerikanische Mission dadurch nicht wenig geschadet, dass sie in übertriebenem Eifer gegen die landesübliche Kleidung und selbst gegen harmlose Gebräuche, wie Einreiben des Körpers mit Gelbwurz, zu Felde zog und dass sie mit übermässiger Strenge die Durchführung der Temperenzgesetze sowie das Verbot des Tabakrauchens und der Vielweiberei zu erzwingen suchte. Misshelligkeiten mit den Kautleuten blieben wegen der Interessengegensätze zwischen Mission und Handel ebenfalls nicht aus. Denn leicht erklärlicher Weise begünstigten die Händler den Waffen- und Branntweinverkauf, während die Mission ihm ebenso entschieden und nicht ohne Grund entgegentrat.

Die heutige Kopfzahl der Karolinier lässt sich nicht mit Sicherheit angeben. Christians neueste Schätzung ist mit 50000 Köpfen wohl eben so übertrieben, wie Meineckes Annahme von 25000 Seelen hinter der Wirklichkeit zurückbleibt. Wahrscheinlich überschreitet die Volksmenge nicht mehr als 35000 Seelen, von denen 3823 auf Palau, 8—9000 auf Yap, 3165 auf Ponape, 9000 — nach Hahl nur 5000, nach Vahlkampf dagegen 11200 — auf Ruk und bloss noch 400 auf Kusaie entfallen. Eine viel dichtere Besiedelung als die Hochinseln haben, wie überall in der Südsee, wegen ihres grösseren Küstenumfangs die Flachinseln, soweit sie überhaupt bewohnbar sind (vgl. S. 37). Die drei kleinen Mortlock-Atolle z. B. erreichen mit 3300 Seelen auf 13 km^2 Fläche sogar die Dichteziffer des Königreichs Sachsen.

4. Die Samoa-Inseln.

Inmitten der inselerfüllten Wasserwüste des Stillen Ozeans, zwischen 13 und 14⁰ S. und 168—173⁰ W., erhebt sich nördlich der Tonga-gruppe der Archipel der Samoa-Inseln auf einem OSO—WNW gerichteten Bogen, der mit 500 km Länge der Entfernung zwischen Breslau und Hannover entspricht. Die Inselflur blieb bis ins 18. Jahrhundert hinein unbekannt. Erst 1722 wurde sie von dem holländischen Seefahrer Roggeveen gesehen und 46 Jahre später von dem französischen Weltumsegler Bougainville, dessen Namen noch heute eine der deutschen Salomonen-Inseln trägt, 1768 wiederentdeckt. Weil sein Fahrzeug hier den Kurs mehrerer anderer Schiffe kreuzte, nicht wegen der Seetüchtigkeit der Eingeborenen, nannte er die Inselgruppe die Navigator- oder Schifferinseln: eine Bezeichnung, die heute fast völlig in Vergessenheit geraten ist. Dagegen hat der einheimische Name Samoa, herrührend von dem sagenhaften Gott Moa, der die ersten Einwanderer auf den Archipel gebracht haben soll, oder von dem in der neuseeländischen Volkssage eine Rolle spielenden Riesenvogel Moa — die Samoa-Inseln sind wahrscheinlich von Neuseeland aus bevölkert worden — sich allgemeine Geltung verschafft. Samoa wurde von späteren Reisenden wiederholt besucht. Als aber, höchstwahrscheinlich nicht ohne Verschulden der Fremden, der französische Admiral Lapérouse bei einem Zusammenstoss mit den Eingeborenen 13 Offiziere und Matrosen verlor[1]), gelangten die Samoaner lange Zeit hindurch in den unverdienten Ruf blutgieriger Wilder, so dass erst seit dem Jahre 1830 die eigentliche Erforschung des Archipels einsetzte. Sie wurde eingeleitet durch die Mission, insbesondere durch die Londoner Mission und die Wesleyanisch-Methodistische Missionsgesellschaft, worauf das um die wirtschaftliche und wissenschaftliche Erschliessung der Südsee hochverdiente Handelshaus Godeffroy die Forschungsarbeiten fortsetzte. Auch neuerdings ist die Inselflur Gegenstand eingehender Untersuchungen, vornehmlich auf wirtschaftsgeographischem Gebiet, geworden.

---

[1]) Ein Denkmal in der seitdem so genannten Massacre-Bai auf Tutuila erinnert auf dem Grabe der gefallenen Franzosen an diesen ersten Kampf zwischen Samoanern und Weissen.

An Flächeninhalt, der mit 2787 km² etwa demjenigen von Mecklenburg-Strelitz entspricht, ist Samoa nach dem Hawaii-Archipel die umfangreichste polynesische Inselgruppe. Auf den deutschen Anteil entfallen 2572 km² mit 32 815 Einwohnern, der Rest gehört den Vereinigten Staaten von Nordamerika.

Die Inselflur, die wegen der landschaftlichen Schönheiten ihrer wechselvollen Bodenplastik, wegen ihrer Wälderpracht, ihres Wasserreichtums und ihres milden gesunden Klimas einen seltenen Reiz von Lieblichkeit erhält und mit vollem Recht als Perle der Südsee gefeiert worden ist, besteht aus vier grösseren Inseln, deren Fläche von West nach Ost abnimmt. Zwei derselben, Upolu und Sawaii, sind deutscher, die beiden andern, Tutuila und Manua (Tau), amerikanischer Besitz. Zu diesen bergigen Hauptinseln gesellt sich eine Anzahl kleinerer Eilande, die ebenfalls vulkanische Hochinseln sind. Bloss das einsame, flache Inselchen Rosa[1]) ist ein echtes Atoll, das bis auf zwei an Kokospalmen reiche Riffinseln zur Flutzeit ganz unter Wasser gesetzt wird und eine fischreiche Lagune umschliesst. Sonst sind Korallenbauten selten und unbedeutend. Barrièreriffe fehlen ganz, auch Küstenriffe umsäumen die einzelnen Inseln nur in beschränktem Masse und werden auf weite Strecken von breiten Passagen unterbrochen.

Die Samoa-Inseln stellen eine zusammenhängende Reihe von Kratergruppen dar, die in 2—3000 m Meerestiefe auf einem gemeinsamen submarinen Rücken ruhen und als die höchsten Gipfel eines unterseeischen Gebirges erscheinen. Da diese Gipfel bis zu 1646 m, d. h. über Schneekoppenhöhe ansteigen und der unmittelbar benachbarte Ozean bis zu 5000 m Tiefe absinkt, so würde sich nach dessen Verschwinden hier ein malerisches Gebirge erheben, das mit 7000 m Höhe und steilem, zackigem Relief den gewaltigsten Hochgebirgen der Erde gleichkäme.

Die Gesteinsschichten, aus denen der Sockel dieses Gebirges besteht, sind unter einer mächtigen Hülle tertiärer Basalte und Trachyte samt den zugehörigen Tuffen und Laven begraben, die an einer der Längsrichtung der Inselflur folgenden, also OSO—WNW ziehenden Bruchspalte emporquollen und das Grundgerüst bildeten, auf dem nach und nach die zahlreichen Kraterberge als jungvulkanische Bildungen auf-

---

[1]) Das Atoll wurde von Freycinet nach seiner an Bord befindlichen Gemahlin Rosa benannt. Doch hatte, was ihm unbekannt geblieben war, Roggeveen die Insel schon viel früher entdeckt und T'Vuile getauft.

gebaut wurden. Die vulkanische Thätigkeit hielt bis in die jüngste Zeit hinein an und ist allem Anschein nach schrittweise von Ost nach West erloschen. Denn je weiter man in dieser Richtung wandert, um so besser sind die Krater erhalten; nach Osten hin sind sie in immer stärkerem Masse der Verwitterung und Meeresbrandung zum Opfer gefallen. In Manua und Tutuila sind die meisten der ehemaligen Feuerberge kaum noch erkennbar, da sie die Erosion in ein wildes Gewirr von Zacken und Graten aufgelöst hat. Aber noch 1866 fand zwischen den Inseln der östlichsten Gruppe eine unterseeische Vulkaneruption statt, indem östlich von Olosenga ein dichter Aschenregen mehrere hundert Meter hoch aus dem Meere aufstieg, der einige Wochen lang andauerte und viele Fische tötete. Die Ostseite von Upolu ist ebenfalls nichts anderes als ein bis zur Unkenntlichkeit zerstörtes Trümmerwerk alter Krater. In der Mitte der Insel dagegen sind sie als runde, mit Urwald ausgekleidete Kessel noch wohl erkennbar, und der westliche Eckpfeiler Tofua (980 m) ist ein isolierter Vulkankegel von typischer Regelmässigkeit mit einem riesigen Kraterkessel. Auch die Zersetzung des basaltischen Untergrundes nimmt von Ost nach West sichtlich ab. Weite Strecken sind mit wirr übereinandergetürmten weitporigen, scharfrandigen Lavablöcken, wahren Steinfeldern, übersät, die durch Auswitterung der zwischen die Lavaströme eingeschalteten Tuffe und Aschen herausgearbeitet wurden und trotz ihrer steinigen Natur wegen der ergiebigen, fruchtbaren Verwitterungshülle sich trefflich zum Anbau eignen. Vor allem ist Sawaii mit ausgedehnten Blockfeldern dieser Art bedeckt, und die schwarzen Lavaergüsse sind dort stellenweise noch so frisch, dass sich an Stelle des von ihnen zerstörten Waldes eben erst schüchtern ein neues Pflanzenkleid zu bilden beginnt. Die Eingeborenen nennen diese kahlen Lavaflächen merkwürdigerweise O le Mu, d. h. das Glühende oder Verbrannte, so dass ihre Vorfahren den feurigflüssigen Lavastrom noch gesehen haben mögen. Vielleicht fielen die Ausbrüche in die erste Hälfte des 18. Jahrhunderts. Seitdem hielt man die Vulkane Sawaiis für erloschen, und das üppige Pflanzenkleid trug ebenfalls dazu bei, die wahre Natur jener Feuerberge zu verschleiern, als sie Ende Oktober 1902 plötzlich und unerwartet wieder zu arbeiten begannen. Im Innern der Insel bildeten sich mehrere Krater, die Rauch und Flammen ausstiessen, und deren ausgeworfene Aschenmassen die Umgebung 5 cm hoch bedeckten. Doch sind Verluste an Leben und Eigentum nicht zu beklagen gewesen. Beredte Zeugen der immer noch nicht erloschenen unterirdischen Gewalten sind endlich häufige, wenngleich nicht starke

Erdbeben von kurzer Dauer, die meist in ost-westlicher Richtung verlaufen.

Die Entwickelung der Korallenbauten, die stets erst geraume Zeit nach der Beruhigung eines vulkanischen Gebietes Fuss fassen können, ist ein neuer Beweis dafür, dass der Vulkanismus von Ost nach West erloschen ist. Sawaii besitzt als jugendlichstes Vulkangebiet Samoas erst Ansätze zur Korallenbildung, die Riffausstattung der folgenden Inseln wird ostwärts immer reicher, und Rosa endlich ist ein unverkennbares Korallenatoll.

Die Küsten, die für Siedelung und Bewirtschaftung an erster Stelle in Betracht kommen, sind felsig und fallen meist steil und hoch ins Meer, weshalb sie arm an guten Häfen sind: ein Nachteil, der sich besonders auf Sawaii unangenehm fühlbar macht. Selbst kleine Segelschiffe und leichte Ruderboote vermögen nicht immer genügenden Schutz zu finden. Überall dort, wo die Küste nicht schroff und tief ins Meer stürzt, wird sie von Korallenriffen umsäumt, weil die riffbauenden Korallen nur bis zu einer gewissen Meerestiefe lebensfähig sind und deshalb den Steilküsten fehlen. Hier tobt eine starke Brandung und übt einen grossartigen Zerstörungsprozess aus, während sie sich im andern Falle an dem weit vorgeschobenen Aussenriff bricht. Dadurch wird zwar die Flachküste geschützt, aber die Annäherung sehr erschwert, weil die immer weiter wachsenden Korallenstöcke schliesslich den ganzen Raum zwischen Küste und Riffgürtel bis zum Niederwasserstand ausfüllen, so dass der Schiffsverkehr bloss zu gewissen Stunden möglich ist. Spuren säkularer Strandverschiebungen, Hebungen sowohl wie Senkungen, die man hier und dort erkannt zu haben glaubte, scheinen auf Grund genauerer Untersuchungen nicht vorhanden zu sein.

In mehreren Stufen, über die zahlreiche Bäche in malerischen Wasserfällen herabstürzen, steigt das Gebirge rasch an und zeigt trotz der dichten Waldbedeckung schroffe Böschungen und ausdrucksvolle Umrisse. Doch giebt es auch, namentlich auf Upolu, ausgedehnte Ebenen. Sie sind wie der Küstensaum der Sitz eines ausgiebigen Plantagenbaues und einer dichten Bevölkerung im Gegensatz zum menschenleeren Urwald des Innern, weil hier wie auf den Karolinen und auf allen Südseeinseln die Hauptdaseinsbedingungen, Kokospalme und Fischfang, die Eingeborenen an die Küsten weisen.

Die westlichste und grösste Insel, das rhombisch gestaltete Sawaii, besitzt bei 85 km Länge und bis 50 km Breite 1691 km² Flächeninhalt und wird ganz von zwei vulkanischen Bergketten nebst einer Anzahl vulkanischer Einzelkegel erfüllt, die wild und zerklüftet und wegen ihrer Unzugänglichkeit den Eingeborenen kaum bekannt sind. Als höchste Erhebungen des gesamten Archipels steigen sie bis zu 1646 m an. Die südliche Kraterreihe fällt schroff und unvermittelt zum nahen Meer ab, so dass die steil abbrechende Südküste felsig und hafenarm ist und den Verkehr der Eingeborenen untereinander fast ausschliesslich auf das Meer beschränkt. Die nördliche Gebirgsmasse dagegen erscheint als ein grosser einheitlicher Vulkandom, der allerwärts mit parasitischen Kegeln wie mit Warzen besetzt ist und sich langsamer zur Küste abdacht, so dass hier und an der Ostseite breite Thäler und sanft geneigte Ebenen vorkommen. Leider sind viele von ihnen wasserarm, weil der noch wenig zersetzte lockere, trümmerhafte Lavaboden die reichlich fallenden Niederschläge rasch aufschluckt und sie in unterirdischen Schlackengängen spurlos verschwinden lässt. Sawaii, insbesondere seine jugendliche Westhälfte, gleicht deshalb einem ungeheuren Sieb und ist weniger fruchtbar, minder stark bebaut und dünner besiedelt als Upolu, das, obwohl ungleich kleiner, bezüglich seiner landwirtschaftlichen Benutzbarkeit weitaus den ersten Platz einnimmt. Auch die Hafenverhältnisse Sawaiis sind wegen der vorherrschenden Steilküsten im allgemeinen nicht günstig. Kleinere Fahrzeuge vermögen zwar vielerorts zu landen, für grössere aber bieten nur die Matautu-Bucht und die zukunftsvolle Asau-Bai an der Nordküste einige Sicherheit.

Zwischen Sawaii und Upolu liegen innerhalb einer 11 km breiten Meeresstrasse die kleinen Nachbareilande Apolima und Manono, die zusammen 13 km² Fläche einnehmen. Apolima, die „hohle Hand", ist ein erloschener Krater, der mit senkrechten Wänden 144 m hoch aus dem Ozean emporragt und nur an der eingestürzten Ostseite eine schmale, bei Niederwasser und hohem Seegang unpassierbare Einfahrt besitzt. Sie führt in ein tiefes, geschütztes Wasserbecken, in dessen Mitte ein zuckerhutartiger Ausbruchskegel aufsteigt. Das schwer zugängliche Inselchen war für die Samoaner eine uneinnehmbare Felsenfestung im Meer und bildete mit dem niedrigeren, wohlbebauten Manono, der heiligen Stätte zahlreicher samoanischer Häuptlingsgräber, das Herz des Archipels. Die Bewohner beider Inseln galten als die edelsten und vornehmsten Geschlechter des samoanischen Adels und übten über die umliegenden Inseln eine besondere Macht aus, bis sie in den 50er Jahren ihre einflussreiche Stellung verloren. Nationalstolz und Standesbewusstsein sind aber bei ihnen noch so stark entwickelt, dass bisher kein Weisser sich unter ihnen festgesetzt hat.

Die wichtigste und fruchtbarste, am stärksten bebaute und am dichtesten besiedelte unter den grossen Inseln Samoas ist Upolu, der Hauptsitz des Plantagenbaues und der europäischen Kolonisation. Bei 70 km Länge, 5—26 km Breite und 220 km Küstenumfang ist Upolu die zweitgrösste Insel des Archipels und kommt mit 868 km^2 Flächeninhalt etwa der Insel Rügen gleich. Die nach beiden Enden sich verschmälernde Insel wiederholt in mancher Beziehung den Charakter Sawaiis. Den Westen nimmt eine mit Lavablöcken und dicht bewaldeten Lavaströmen erfüllte Ebene ein, die vom mächtigen Kraterring des isolierten Tofua überragt wird und, soweit sie nicht wasserarm ist, wegen ihrer Fruchtbarkeit den wirtschaftlichen Mittelpunkt nicht nur Upolus, sondern der gesamten Inselflur darstellt. An sie schliesst sich ostwärts ein zwar bloss mässig hohes (980 m), aber schroffes, kühn gestaltetes Gebirge, das die reizvolle Insel in der Längsrichtung durchzieht und nach Süden steiler als nach Norden abfällt, so dass auch hier die Südseite als eine schroffe, hohe Felsküste erscheint. Das Gebirge ist aus mehreren Reihen dicht bewaldeter Vulkane zusammengewachsen, deren gewaltige basaltische Lavaergüsse die ganze Insel aufgebaut haben und bei genügend vorgeschrittener Verwitterung den Pflanzen einen ausgezeichneten Nährboden darbieten. Einer dieser erloschenen Vulkankegel, der Lanuto'o, südlich von Apia, birgt in seinem ausgebrannten Krater einen tiefgrünen See von 700 m Durchmesser, dessen wunderbar schöne Waldumgebung sich seit Errichtung einer einfachen Erholungsstation durch das Kaiserliche Gouvernement eines lebhaften Besuches erfreut, während die abergläubischen Samoaner das in stiller, erhabener Bergeinsamkeit versteckte Meerauge ängstlich meiden. Die Vulkanreihe teilt sich von der Mitte der Insel ab nach Westen in zwei Hauptarme, zwischen denen sich ein Hochplateau erstreckt, und lösen sich schliesslich im Osten zu einem regellosen Gewirr von Kegeln, Kämmen und Einsenkungen auf.

Upolu ist überreich bewässert und wird von vielen Gebirgsflüssen durchzogen, die in steilwandigen, tiefen Tobeln dahinrauschen und selbst in den trockenen Monaten nicht versiegen. Zur Regenzeit schwellen sie oft zu undurchschreitbaren Wildbächen an. In malerischen Wasserstürzen, die vom Meer aus wie glänzende Silberfäden erscheinen, müssen sie die unvermittelten Höhenunterschiede überwinden, die stellenweise so beträchtlich sind, dass einer jener Wasserfälle nicht weniger als 235 m Fallhöhe besitzt. Andererseits wieder ist in den westlichen Ebenen der vulkanische Boden so durchlässig und unterhöhlt, dass ganze

Bäche in ihm verschwinden und erst am Meeresufer als starke Quellen neu zum Vorschein kommen.

Das Gestade Upolus ist teils eine riffreie Steilküste, teils eine von passagenreichen Korallenriffen begleitete Flachküste, an die sich ausgedehnte Ebenen anschliessen. Die Küsten sind viel mehr als diejenigen Sawaiis mit brauchbaren, auch für grössere Schiffe benutzbaren Ankerbuchten ausgestattet. Selbst das hafenärmere Südufer hat in dem geschützten Falealili-Hafen, in der Safatu-Bucht und in der Le Fanga-Bai gute Zugänge. Eine weit grössere Auswahl bietet die reicher gegliederte Nordküste. Erwähnenswert ist die tief ins Land eindringende Fangaloa-Bai, die zur Zeit wegen mangelnden Schutzes zwar bedeutungslos ist, aber durch Kunstbauten in einen leidlichen Hafen umgewandelt werden kann. Zu nennen ist ferner die alte deutsche Kohlenstation Saluafata, deren 2 km² einnehmende Wasserfläche leider auf weite Strecken von Riffen durchsetzt ist, die tiefgehenden Fahrzeugen nur einen beschränkten Ankergrund gewähren. Doch ist die malerische Bucht den schweren Südsommerstürmen nicht ausgesetzt und dient zu dieser Zeit den deutschen Stationsschiffen zum Aufenthalt. Denn das 17 km westlicher gelegene Apia ist zwar der Mittelpunkt des samoanischen Handels, hat jedoch leider keine besonders günstige Reede, die, räumlich beengt, nur einer geringen Zahl von Schiffen Aufnahme gewährt und bloss vor dem im Winter wehenden Südostpassat Sicherheit bietet, während sie infolge ihrer nach Norden offenen Lage gegen die im Südsommer häufigen Nordstürme nicht geschützt ist. Obendrein entsendet ein breiter, vielzackiger Riffgürtel, den eine starke Brandung umbraust, gefährliche Ausläufer und Klippen ins Hafenbecken hinein, die teils über, teils unter dem Wasserspiegel liegen, die Einfahrt erschweren und bei plötzlich hereinbrechenden Orkanen schon manchem Schiff den Untergang gebracht haben. Als trauriges Denkmal des furchtbaren Unglücks von 1889 (vergl. S. 12) liegt auf dem Korallenriff noch heute das Wrack des deutschen Kanonenbootes „Adler".

Die weit geöffnete Bucht, die eine Reihe kleiner Bergbäche aufnimmt und im Hintergrunde von waldigen Gebirgsketten umrahmt wird, umsäumen halbkreisförmig die zwischen Gärten versteckten und von schlanken Palmen überragten Häuser der Kolonisten und Eingeborenen. Sie reihen sich zu einer 6 km langen Strasse aneinander, die in ihrer Gesamtheit das schmucke Städtchen Apia, den Sitz des deutschen Gouverneurs, bilden. Die anmutig gelegene Niederlassung, unter deren

1300 Einwohnern sich 375 Fremde und 129 Mischlinge befinden, besteht in der Hauptsache aus sieben Ortschaften. In der Mitte liegt das eigentliche Apia mit Kirchen, Schulen[1]), Niederlagen, Läden, Missions- und Verwaltungsgebäuden, Gasthäusern, Postamt und vielen Trinkstuben. Östlich schliesst sich daran auf breiter Halbinsel das überwiegend englisch-amerikanische Matautu. Westwärts folgen nacheinander Mulivai, Matafele, Savalalo und Songi, wo viele Geschäftsleute, Handwerker und kleine Beamte, zum weitaus grössten Teil Deutsche, sich inmitten schattiger Gärten luftige, villenartige Landsitze erbaut haben. Songi und Savalalo werden fast ganz von den stattlichen Faktoreien, Schuppen, Warenlagern und Wohngebäuden der Deutschen Handels- und Plantagengesellschaft für die Südsee zusammengesetzt. Den Beschluss bildet auf schmaler, weit ins Meer vorspringender Landzunge das Eingeborenendorf Mulinuu, der alte samoanische Königssitz und als solcher der Schauplatz vieler blutiger Kämpfe. Hier haben der Gouverneur und der offiziell anerkannte Oberhäuptling Mataafa ihre Residenz aufgeschlagen.

Die Upolu östlich vorgelagerten Eilande Fanuatapu, Nuutele und Nuulua sind schwer zugängliche Felsklippen, vielleicht Reste eines mächtigen alten Kraters.

Die dritte grosse Insel, Tutuila (134 km[2]), die wildeste aller Samoa-Inseln, ist ebenfalls aus der Zusammenhäufung alter Kraterberge entstanden, die längst erloschen und grösstenteils der Abtragung zum Opfer gefallen sind. Ihre Reste scharen sich zu einem dicht bewaldeten Gebirge zusammen, das zwar nur 750 m hoch ist, aber schroff und mauerartig die ganze Insel erfüllt. Zeitweilig öffnen sich zwischen den Felswänden wohlversteckte, geschützte Buchten, die nichts anderes als alte Kraterbecken sind und die vielfach zerschnittene Steilküste in mannigfachster Weise gliedern. Einer dieser Einschnitte, der allseitig von steilen Bergflanken umkränzte Hafen Pango-Pango, dringt von der Südküste aus so tief in den Inselkörper ein, dass er ihn fast in zwei Hälften zerschneidet. Er macht Tutuila strategisch zum Schlüssel ganz Samoas, da er jederzeit leicht anzulaufen ist und da die geräumige, gegen allen Seegang geschützte Wasserfläche nur durch einen

---

[1]) Besondere Erwähnung verdient die deutsche Schule in Apia (Matafele), die 1888 dank den Bemühungen des Deutschen Schulvereins gegründet und mit dessen Unterstützung, sowie mit einer Beihilfe der Deutschen Regierung und der Deutschen Kolonialgesellschaft erfolgreich weitergeführt worden ist. Sie wird in vier Klassen von 70 Kindern, darunter 50 deutschen, besucht und ist mit einem von einer Samoanerin geleiteten Kindergarten verbunden.

schmalen, leicht zu verteidigenden Eingang mit dem offenen Meere in Verbindung steht. Wird man Apia selbst mit erheblichem Kostenaufwand nie zu einem brauchbaren Ankerplatz umgestalten können, so ist Pango-Pango, obwohl nicht frei von Schattenseiten, als Hafen ganz vortrefflich. Die Amerikaner haben das wohl erkannt und arbeiten unablässig daran, die alte Kohlenstation, die sie sich schon 1878 von den Samoanern hatten abtreten lassen, in ein festes Bollwerk zu verwandeln.

Die östlichen Hochinseln des Archipels fasst man unter dem Namen der Manuagruppe zusammen. Die grösste der drei, insgesamt 80 km² einnehmenden Inseln, Manua oder Tau, ist nichts anderes als eine wohlbebaute und wohlbewässerte Vulkankuppe von 800 m Höhe, die jäh und hafenlos ins Meer stürzt und von Korallenriffen umwallt wird. Westlich von ihr liegen, durch schmale Meeresstrassen voneinander getrennt, das doppelgipfelige Ofu und der schroff abfallende alte Vulkan Olosenga (900 m).

Gleich den Karolinen und Marshall-Inseln besitzt Samoa wegen seiner äquatornahen Lage und der entschiedenen Beeinflussung durch die Wassermassen des Stillen Ozeans ein sehr gleichmässiges, heissfeuchtes, tropisches Seeklima, dessen mittlere Jahrestemperatur in Apia 25,8° C beträgt und dessen Schwankungen so gering sind, dass die Monatsmittel sich nur zwischen 26,7 (Dezember) und 24° C (Juli), die absoluten Temperaturunterschiede zwischen 32 und 15° C bewegen. Die Wärme des Meerwassers ist mit 27—30° C noch erheblich beständiger und zeigt tagelang keine merklichen Abweichungen. Infolgedessen herrscht auf der Inselflur ein ewiger Sommer ohne scharfe Trennung der Jahreszeiten. Doch mildern örtliche Winde, tagsüber die Seewinde, nachts eine aus den Bergen kommende Landbrise, die Hitze, so dass selbst die höchsten Wärmegrade nicht als drückend empfunden werden. Nur bei Windstille herrscht eine unangenehme Hitze.

Das Jahr gliedert sich in eine regenreichere und niederschlagsärmere Zeit. Erstere fällt in die Monate Dezember bis April, d. h. in den Südsommer, und ist zugleich die heisseste Zeit des Jahres, die Periode meteorologischer Schwankungen und unbeständigen, unberechenbaren Wetters. Während ihrer Dauer herrschen wechselnde Winde vor, von denen die aus dem westlichen Quadranten kommenden gewöhnlich Niederschläge bringen. Entsprechend dem Charakter aller tropischen Regenzeiten gehen sie ganz plötzlich in Form kurzer böiger Regenschauer mit wolkenbruchartigen Güssen nieder, die, mit heiterem Sonnenschein abwechselnd, unaufhörlich einander jagen. Tage oder gar Wochen hindurch anhaltende Landregen sind selten. Dann dringt freilich die Feuchtigkeit in alle Räume ein, Rost und Schimmelpilze überziehen jeden Gegenstand, und nichts bleibt trocken. Diese Zeit wirkt erschlaffend, wenngleich nicht ungesund, und auch den sonst durchaus nicht wasserscheuen Eingeborenen ist wie den Karoliniern (vgl. S. 41) der kühle Regen ebenso unangenehm wie die kalte Luft, weil ihr dem ewig gleichen Klima angepasster Körper bei stärkerer Temperaturabnahme nicht mehr recht im stande ist, selbstthätige Erwärmung zu leisten. Ein Regenschirm gehört deshalb für die Samoaner zu den geschätztesten Errungenschaften der Zivilisation.

Viel angenehmer und gesünder ist die regenärmere Zeit, die vom Mai bis zum November dauert, also im Südwinter stattfindet. Sie ist die Zeit des sehr regelmässig wehenden Südostpassates, der klare, kühle Luft und Trockenheit bringt. Doch ist er keineswegs arm an Feuchtigkeit, denn er verursacht starken Taufall und hat häufige Platzregen im Gefolge, die vornehmlich der südlichen Abdachung der Inseln zu gute kommen, weil die mit Wasserdampf gesättigten Wolken vom Gebirge aufgefangen werden. Somit sind die Niederschläge über das ganze Jahr verteilt, wenn auch der Südsommer die Zeit der grössten Regenhäufigkeit ist. Die Regenmenge erreicht in Apia den hohen Jahresbetrag von rund 3500 mm [1]), der das Sechsfache der in Deutschland fallenden Niederschläge ausmacht und sich im Jahresdurchschnitt auf 196,3 Regentage verteilt. Für das bergige Innere wird man, ohne zu hoch zu greifen, wohl das Doppelte dieses Betrages annehmen können. Da die fast ständig die Berggipfel einhüllenden Wolken den Flüssen immer neue Nahrung zuführen, so sind die Inseln überreich an rauschenden Wasseradern, die einen belebenden Zug der samoanischen Landschaft bilden und nicht wenig zur Fruchtbarkeit des Bodens beitragen. Stellenweise verschwindet allerdings das Wasser im porösen Untergrund und läuft in unterirdischen Flussbetten durch verborgene Höhlengänge, um erst am Meeresstrande oder in einiger Entfernung von ihm als starke Quelle wieder zu Tage zu treten. Um diesem Übelstande abzuhelfen, ist daher die Untersuchung der Quell- und Grundwasserverhältnisse eine praktisch und wissenschaftlich gleich wichtige Aufgabe.

Gewitter hat man selten, Wetterleuchten häufiger und zu allen Jahreszeiten beobachtet.

Im Sommer, vornehmlich gegen den Ausgang des Herbstäquinok-

---

[1]) In manchen Jahren überschreitet die Regenhöhe 4000 mm, in anderen wieder ist sie erheblich geringer (2500 mm).

tiums (Januar bis April mit einem Häufigkeitsmaximum im März),
stellen sich verheerende Orkane ein, die meist von wochenlangen, regen-
reichen Weststürmen eingeleitet werden. Sie fügen nicht bloss der
Schiffahrt schweren Schaden zu — die trauervolle Katastrophe, die 1889
den wenig geschützten Hafen von Apia heimsuchte, ist noch unvergessen
—, sondern bedrohen auch die Pflanzungen, weil sie die Fruchtbäume umwehen oder ihrer Blätter berauben, und weil die Palmen zur
Erholung und Wiederbelaubung geraume Zeit brauchen. Glücklicher-
weise kehren die furchtbaren Stürme nur in längeren Pausen wieder
und suchen das schon mehr ausserhalb ihrer Wanderbahnen gelegene
Samoa viel seltener heim als die benachbarten Inselgruppen.

Die Gesundheitsverhältnisse Samoas sind als überaus günstig zu
bezeichnen, da gefährliche Seuchen und Tropenkrankheiten kaum bekannt sind (vgl. Karolinen S. 41). Häufiger ist die Elephantiasis, die eine
Anschwellung der Gliedmassen nach sich zieht, aber bei einiger Vorsicht
leicht zu vermeiden ist. Wahrscheinlich ist sie eine Folge der Boden-
ausdünstung, da die Samoaner auf ebener Erde schlafen und da die
wenigen zum Lager dienenden Matten die starke nächtliche Ausdünstung
des Untergrundes nicht abzuhalten vermögen. Das kurz vor oder nach
der Regenzeit sich einstellende Samoafieber verläuft meist leicht und
gutartig und ist für die Eingeborenen fast gefährlicher als für Fremde.
Die Schwindsucht ist unter den Samoanern nicht selten und wird durch
das feuchtwarme Klima begünstigt. Hautkrankheiten sind, wie bei allen
Südseevölkern, nichts Ungewöhnliches. Im übrigen vereinigt jedoch die
paradiesische Inselflur mit den Vorzügen landschaftlicher Schönheiten und
beispielloser Fruchtbarkeit den Vorzug eines für Europäer durchaus zu-
träglichen Klimas, so dass sie — ein seltener Ausnahmefall unter den
Tropen — bei entsprechender Lebensweise ständig in Samoa leben und
ohne Schädigung ihrer Gesundheit schwere Arbeiten im Freien verrichten können.

Das warme, gleichmässige Klima, der Überfluss an fallendem und
strömendem Wasser und die unerschöpfliche Fruchtbarkeit des tiefgrün-
digen Verwitterungsbodens, der bis 3 m mächtig wird, reich an Stick-
stoff und Phosphorsäure ist und durch die fortschreitende Zersetzung
des freiliegenden Gesteins immer neue Nährstofe erhält, erzeugen eine
echt tropische Vegetation von strotzender Üppigkeit. Grossartig und
lieblich zugleich, beginnt sie unmittelbar am Meer, überzieht jeden Stein,
erfüllt jeden Riss und überkleidet Niederungen wie Berge mit einer
dichten grünen Hülle. Die Triebkraft der Pflanzen ist wegen der grün-

stigen Daseinsbedingungen so erstaunlich, dass schon nach wenigen Monaten ganze Bäume entstehen. Ferner zeigen viele Gewächse wegen der klimatisch wenig verschiedenen Zeitabschnitte und der steten Regenzufuhr eine ununterbrochene Entwicklungsperiode, so dass sie in ihrer Blüten- und Fruchtbildung an keine bestimmte Jahreszeit gebunden sind. In dieser Thatsache besteht allerdings die Schwierigkeit, Gewächse, die wie unsere mitteleuropäischen Pflanzen an den Wechsel der Jahreszeiten und damit an eine Ruheperiode gewöhnt sind, in Samoa einzubürgern und mit Erfolg zu kultivieren. Sonst hat indes die Plantagenwirtschaft die zukunftsvollsten Aussichten. Nur auf den trockenen Aschen-, Tuff- und Schlackenlagern und auf den schwer zersetzbaren jugendlichen Lavaströmen fand die pflanzliche Besiedelung keinen günstigen Boden und ist in diesen für Kulturen völlig ungeeigneten Landstrichen so langsam fortgeschritten, dass sich hier erst eine steppenhafte Flora mit anspruchslosen Sträuchern, Kräutern, Farnen und Gräsern eingenistet hat, um mit den eigenen Verwesungsresten für eine höhere Vegetation den Grund zu schaffen.

Dringt man ins Innere der Inseln vor, so hat man zunächst den Küstenbusch zu überwinden, ein fest verflochtenes Strauchgewirr immergrüner Rubiaceen, Myrtaceen und Urticaceen, das von Kokospalmen mit ihren hellgrünen Fiederkronen, von Pandangarten mit meterlangen, bandähnlichen, scharf gezähnten Blättern, von Brotfruchtbäumen, Mangos, Hibiscusarten, stattlichen Barringtonien und riesigen Banianenfeigen, den „Elefanten des Pflanzenreiches", überragt wird. Ein Heer von Schlingpflanzen verwandelt den Küstenbusch in ein undurchdringliches Dickicht. Trotzdem ist er erst eine sekundäre Bildung. Denn die mächtigen Bäume, die ihn beschatten, sind die Reste und Wahrzeichen der ursprünglich vorhanden gewesenen Waldbedeckung.

Weiter landeinwärts folgt das küstennahe Kulturland der Eingeborenen. Kokospalmen und Brotfruchtbäume bestimmen sein landschaftliches Bild; aber auch andere Nahrungsgewächse wie Mangos, Zitronen, Apfelsinen, Bananen, Taro, Yams und Zuckerrohr, gedeihen ohne sonderliche Pflege vortrefflich. Zum Papiermaulbeerbaum (Broussonetia papyrifera), aus dessen Rinde die Samoaner den feinen, weichen Tapastoff bereiten, gesellen sich geschätzte einheimische Obstbäume. Auf den europäischen Pflanzungen werden Kokospalmen, Kakao, Thee, Tabak, Vanille und Zuckerrohr angebaut.

Allmählich wird der Wald dichter und höher und nimmt immer mehr den Charakter des schwer passierbaren, menschenleeren Urwaldes an, der die schroffen Umrissformen der Inselflur ausgleichend verhüllt. Schlingende, kletternde und windende Schmarotzergewächse, Orchideen, Flechten und über 100 Moosarten, Strauchwerk, niedrigere Bäume und baumartige Farne — die Farne sind hier und auf den Karolinen die hauptsächlichste Pflanzenfamilie und kommen in mehr als 150 Arten vor — verbergen die hohen Stämme der riesigen Bäume, deren meist kleine Blätter wenigstens einen Teil des belebenden Sonnenlichtes auf den feuchten Modergrund gelangen lassen. Stellenweise ist am Boden ein Teppich abgefallener Blüten angehäuft, die den unsichtbaren Baumwipfeln entstammen und meist gelb oder weiss gefärbt sind. Doch verbreiten nur wenige von ihnen einen süssen, weithin wahrnehmbaren Geruch oder zeichnen sich durch schöne Gestalt aus; die überwiegende Mehrzahl ist klein und geruchlos. Natürlich ist der Urwald auch reich an Nutz- und Farbhölzern verschiedenster Art, da mehr als 20 Baumarten festes, widerstandsfähiges Holz für Tischlerei, Drechslerei, Schnitzerei oder für technische Zwecke liefern. Doch ist die Wegschaffung der Stämme mit übergrossen Schwierigkeiten verknüpft, weil vorläufig noch alle Mittel und Wege zur gewinnbringenden Ausbeutung der Waldschätze fehlen.

Endemisch oder der Inselflur eigen ist bloss eine verhältnismässig geringe Anzahl von Pflanzen. Auch zum Australkontinent und zur Melanesischen Inselwelt bestehen sehr geringe Beziehungen. Dagegen hat die Flora Samoas einen ausgesprochen indischen Charakter und zeigt eine unverkennbare Abhängigkeit namentlich von der javanischen Flora. Im allgemeinen stimmt sie mit derjenigen des benachbarten Tonga-Archipels überein und ist weder besonders reichhaltig noch charakteristisch.

Viel ärmer als die Pflanzenwelt ist wie auf allen polynesischen Inseln die Tierwelt Samoas, die ebenfalls mit der tonganischen Fauna übereinstimmt. Ganz spärlich sind die Landsäugetiere vertreten. Neben einem fliegenden Hund von Rattengrösse und zwei Fledermäusen, die zu Tausenden in den vielen Lavahöhlen und Schlackengängen leben, finden sich nur Schweine, Ratten, Mäuse und Hunde, die erst im achtzehnten Jahrhundert von Walfischfängern eingeführt wurden. Insbesondere die Ratten sind zu einer wahren Landplage und die verderblichsten Feinde der Hühnerställe und der einheimischen Vogelwelt geworden. Ausser dem Huhn, das zum Teil verwilderte und sich ins Dickicht zurückzog, ist das Schwein, das Lapérouse bei seinem Besuch bereits vorfand, das einzige Haustier der Samoaner, und da sie kein anderes grösseres Tier kannten, so wandten sie anfänglich auf jedes derselben die Bezeichnung Schwein an. Auch die Pferde wurden von ihnen Reitschweine genannt. Die Schweine haben sich in der ihnen sehr zusagenden Umgebung trotz eifriger Verfolgung seitens der Eingeborenen in so unglaublicher Weise vermehrt, dass sie ebenfalls verwilderten. Die Samoaner jagen sie mit den in allen·Ortschaften reichlich vertretenen, zur Saujagd sehr geeigneten Hunden und fangen sie lebendig ein wobei es nie ohne Kampf und selten ohne Wunden abgeht. Von Australien her sind Pferde, Esel und Rinder eingebürgert worden und lassen sich verhältnissmässig billig züchten. Freilich wird die Viehzucht nie für die Ausfuhr, sondern lediglich für den eigenen Bedarf Samoas in Betracht kommen. Für Schafe ist das Klima zu feucht. Um so vorzüglicher gedeihen die Rinder, so dass von der Deutschen Handels- und Plantagengesellschaft auf Upolu gegen 1600 Stück zu Milch-, Zug- und Schlachtzwecken gehalten werden. Sie haben zugleich die Aufgabe, das in den Kokospflanzungen wuchernde Unkraut wegzufressen.

Die leichter bewegliche Vogelwelt ist mit 52 Arten verhältnismässig reicher und macht im Verein mit der im Überfluss vorhandenen Meeresfauna, die im wesentlichen derjenigen des Karolinenmeeres entspricht, die Hauptmasse der samoanischen Tierwelt aus. An Raubvögeln sind nur zwei Eulenarten beobachtet worden. Viel häufiger sind sperlingsartige Vögel, Honigsauger, ein schwarzgrauer Star mit metallisch glänzendem Gefieder, eine auch auf den Karolinen verbreitete (Tahiti-) Kuckucksart, ferner Würgerarten, drei Papageien, deren Federn den Samoanerinnen als willkommener Schmuck dienen, und neun wegen ihres schmackhaften Fleisches eifrig gejagte Taubenarten, die in grossen Schwärmen die Wälder bevölkern. Am zahlreichsten ist die Ordnung der Wat- und Schwimmvögel vertreten, die auf den Korallenriffen unerschöpfliche Beute finden. Als zoologische Merkwürdigkeiten sind endlich erwähnenswert ein im dichtesten Urwald vereinzelt lebendes Scharrhuhn, Moa genannt, und die im Aussterben begriffene Zahntaube oder Manumea (Didunculus strigirostris), der letzte lebende Vertreter einer längst ausgestorbenen Vogelfamilie und der einzige Verwandte der ausgerotteten Dronte von Mauritius. Die Zahntaube besitzt in Samoa ihre einzige Heimat und wird dort noch heute gefangen.

Von Amphibien giebt es bloss einige ungefährliche Schlangenarten und zwei Eidechsen. Auch die Insektenfauna ist nicht sehr reichhaltig. Schmetterlinge sind viel häufiger als die sehr einförmige und artenarme Ordnung der Käfer. Ameisen, Moskitos und viele Arten der mächtigen

Tropenschwabe sind ebenfalls in unerwünschter Menge vorhanden. Ein fast fingerdicker Regenwurm gilt den Samoanern als hochgeschätzter Leckerbissen, ebenso ein mariner Borstenwurm, der Palolo, der sich jährlich nur einmal im November und zwar bloss in der Morgendämmerung bis zum Sonnenaufgang einstellt, dann aber in ungeheurer Menge gefangen wird.

Die Eingeborenen der Inselflur gehören dem polynesischen Völkerkreis an, der das gesamte Südseegebiet besiedelt hat. Bei diesen ausgedehnten Wanderzügen spielte Samoa, das wahrscheinlich mit am frühesten, und zwar jedenfalls von Neuseeland aus, bevölkert wurde, wegen seiner zentralen Lage eine wichtige Rolle und entsandte nach den verschiedensten Richtungen hin strahlenförmig neue Wanderzüge.

Die Männer sind schöne, wohlgebaute, muskulöse Leute von grosser, kräftiger Gestalt, erstaunlicher Gewandtheit und keineswegs unbedeutender Körperkraft, die sie, wie Europäer und Amerikaner wiederholt erfuhren (vgl. S. 12, 14, 67), im Nahkampf zu gefährlichen Gegnern machen. Die Hautfarbe ist hellbraun bis bronzefarben, das Haar schwarz und meist glatt, der Bartwuchs spärlich. Die Nase ist breit gedrückt, die Lippen sind wulstig, die Gesichtszüge etwas derb, aber ausdrucksvoll und in ihrem Gesamteindruck nicht unangenehm. Die Frauen sind kleiner und gehören unstreitig zu den schönsten Polynesierinnen.

Von Natur sind die Eingeborenen freundlich und gutmütig, heiter und höflich und in übergrosser Gastfreiheit stets bereit, ihren Besitz mit Freunden und Fremden zu teilen. Diebstahl war bei ihnen so gut wie unbekannt und galt als ein schwer schändendes Verbrechen. Noch jetzt haben, abgesehen von Apia, die meisten Samoaner die Achtung vor fremdem Eigentum bewahrt. Geistig erscheinen sie geweckt und begabt. Während ihnen aber die einen hochentwickelte Intelligenz und schnelles Auffassungsvermögen nachrühmen — lesen und schreiben können die meisten, manche auch gut rechnen, und in Bibelkenntnis und biblischer Geschichte leisten sie Erstaunliches —, wird ihre Bildungsfähigkeit von anderen bestritten mit der Begründung, dass die Samoaner nur als Knaben gut lernen, dass aber später alle Mühe vergeblich sei. Ein herrliches Klima und eine freigebige Natur, die ihren Kindern alles, was sie zum Lebensunterhalt brauchen, reichlich und ohne sonderliche Mühe in den Schoss wirft, hat die Samoaner träge und zu stolz zur Arbeit gemacht, die bei ihnen eher als Schande gilt. Die Arbeit als Mittel zum Zweck war ihnen ein völlig fremder Begriff und würde es noch heute sein, wenn nicht durch die Weissen das Streben nach materiellem Vorteil und nach europäischen Waren in ihnen geweckt worden wäre. Trotzdem entschliessen sich die Eingeborenen höchst ungern zu anhaltender, harter Arbeit in den Pflanzungen, weshalb man mit grossen Kosten auswärtige Arbeiter einführen musste. Essen und Trinken, Spielen, Singen, Tanzen und Erzählen von Fabeln und Geschichten, deren es eine Menge giebt, sind die Lieblingsbeschäftigung des vergnügungssüchtigen Phäakenvölkchens, das sorglos und ohne zu sparen einer heiteren Zukunft entgegenlebt. Eigentliche Musikinstrumente sind unbekannt, wenngleich tönende Instrumente zur Begleitung der Gesänge und Tänze dienen. Das wichtigste von ihnen ist die Holztrommel, die wie bei einigen Negerstämmen Afrikas zur Ausbildung einer die Telegraphie ersetzenden Trommelsprache Anlass gegeben hat und auch an Stelle der Kirchenglocken die Gläubigen zur Andacht ruft. Als Signalhörner im Kriege dienen grosse Muscheln.

Ackerbau wird in geringem Masse betrieben, und da der vielfach steinige Boden die Anwendung von Pflug und Spaten verbietet, so ist das einzige Feldgerät wie auf den Karolinen ein spatenartiger Stock, während der fremde Pflanzer mit Axt, Hacke und Messer den steinerfüllten Untergrund bearbeitet. Um so eifriger liegen die Samoaner der Tauben- und Schweinejagd ob, geradezu leidenschaftlich aber sind sie der Hauptbeschäftigung, dem Fischfang, ergeben. Fischturniere gehören zu den beliebtesten Wettkämpfen, bei denen ganze Dörfer ihre Geschicklichkeit zeigen. Mit der Lebensweise der Fische ist man genau vertraut, und jeder von ihnen wird nach besonderem Verfahren mit Angelhaken, Pfeilen und Speeren, in Netzen oder durch Fischgift gefangen. Als beliebte Betäubungsmittel dienen Pflanzensäfte, da der früher gern verwendete Dynamit wegen häufiger, durch unvorsichtiges Umgehen mit ihm verursachter Unfälle verboten worden ist. Abgesehen von Meerestieren, Tauben und Hühnern — Schweinefleisch wird nur bei Festlichkeiten verzehrt — ist die Nahrung der Eingeborenen vorwiegend vegetabilisch und besteht aus den bereits genannten Pflanzen und Früchten. Das Kochen geschieht nach polynesischer Art ohne Töpfe zwischen heissen Steinen und ist im allgemeinen Sache der Männer; statt des Salzes benutzt man Seewasser. Nationalgetränke sind der als Kokosmilch bekannte kühle Fruchtsaft der Kokosnuss und die Kawa, ein schmutzig-graues, bitter schmeckendes Gebräu. Es wird dadurch gewonnen, dass man die von jungen Mädchen gekauten oder neuerdings in reinlicher Weise auf einem Reibeisen zerriebenen Wurzeln des Kawapfeffers in einem Gefäss sammelt und mit Wasser übergiesst.

Von ausländischen Nahrungs- und Genussmitteln haben hauptsächlich der von den Insulanern viel und sorgfältig angepflanzte Tabak, ferner Hartbrot und konserviertes Fleisch Eingang gefunden. Dagegen sind Branntwein und berauschende Getränke nicht recht in Aufnahme gekommen und begegnen instinktiver Abneigung. Europäische Werkzeuge und Geräte wie Spiegel, Regenschirm, Petroleumlampe und selbst die Nähmaschine erfreuen sich ebenfalls grosser Beliebtheit. Die Nähmaschine ist ein unentbehrlicher Bestandteil vieler samoanischen Haushaltungen und der Stolz der samoanischen Hausfrauen geworden und wird von ihnen und den Mädchen geschickt gehandhabt.

Weil das Wasser das Lebenselement der Eingeborenen ist und ihnen so viele ihrer Bedürfnisse liefert, so sind sie geschickte Schwimmer, gewandte Schiffer und tüchtige Bootbauer, die ihre zierlichen, mit Auslegern versehenen Fahrzeuge durch Ruderkraft oder unter Benutzung von Mattensegeln schnell vorwärts zu bewegen wissen. Doch werden die alten Boote, darunter die bis zu 300 Mann fassenden Doppelboote, immer mehr durch europäische Fahrzeuge verdrängt; und da auch die früher so lebhaften Hochseefahrten nach andern Inselgruppen fast ganz aus der Mode gekommen sind, so haben die Eingeborenen kaum noch Gelegenheit, ihre reichen nautischen Erfahrungen und ihre genaue Kenntnis des gestirnten Himmels praktisch anzuwenden. Dagegen sind beim Fischfang die Kanoes alter Art den Samoanern noch unentbehrlich.

Da die Eingeborenen durch Lebensweise und Gewohnheit ans Meer gebunden sind, so liegen ihre Wohnstätten ebenfalls in unmittelbarer Nachbarschaft des Strandes. Die ordnungslos zwischen Kokospalmen, Brotfruchtbäumen und Kulturanlagen errichteten Hütten vereinigen sich zu weitläufigen Dörfern, denen niemals ein zu Festlichkeiten oder Beratungszwecken dienender freier Platz fehlt. Hier steht das Haus des Häuptlings und das auf gemeinsame Kosten erbaute Gemeindehaus, in welchem fremde Gäste aufgenommen und bewirtet werden.

Die Hütten selbst sind einfach, aber dauerhaft und zweckmässig angelegt. Da das Klima nur Schutz gegen Sturm, Regen und Sonnenschein verlangt, so wird auf die Herstellung des Daches besondere Sorgfalt verwendet, das mit steil geneigtem Giebel nicht selten bis 20 Fuss Höhe erreicht und einen seltsamen, einem umgedrehten Boot ähnelnden Anblick darbietet. Mit getrockneten Palmblättern bedeckt, ruht es auf 12—40 Holzpfeilern, und die Zwischenräume zwischen dem Fachwerk werden von Matten verhüllt, die nach Belieben verschoben oder aufgerollt werden können. Tagsüber bleiben sie offen, um der kühlenden

Seeluft den Durchzug zu gestatten; nachts schliesst man sie, um die Moskitos fern zu halten. Als Lagerstätten dienen Matten, die über einer den ganzen Fussboden 20 cm hoch bedeckenden Schicht glatter Rollkiesel ausgebreitet werden und auch Stühle und Tische ersetzen. Der Innenraum ist sauber gehalten, allerdings sehr einfach eingerichtet. Denn soweit sich nicht europäische Gegenstände eingebürgert haben, beschränkt sich der bescheidene Hausrat auf einige Körbchen, einige Kokosschalen als Trinkgefässe, auf die notwendigen Haus- und Fischereigeräte und auf eine flache Holzschüssel zur Kawabereitung. Eine mit Lehm ausgekleidete schüsselartige Vertiefung ersetzt den Feuerherd. Doch kocht man nicht in den Wohnhäusern, sondern in abseits gelegenen besonderen Hütten.

Dem Klima entsprechend, ist die Kleidung spärlich und beschränkt sich auf eine Hülle von Kattun, der wegen seines billigen Preises die einheimischen, zum Teil recht mühsam und zeitraubend herzustellenden Gewänder rasch verdrängt. Der landesübliche Hüftschurz (Lawalawa) besteht aus den roten Blättern des Ti-Baumes, aus gefärbten Baststreifen des Hibiscusbaumes oder aus dem feinen papierartigen Tapastoff, der aus geklopften und zusammengeklebten Stücken der inneren Rinde des Papiermaulbeerbaumes gewonnen und mittels eines Holzstempels mit einfachen roten, gelben und schwarzen Mustern bedruckt wird. Bei festlichen Gelegenheiten trägt man noch feine, von den Frauen verfertigte Matten, die zuweilen wahre Musterwerke der Flechtkunst sind und deren etwa unseren Orden entsprechende Verleihung seitens der Häuptlinge — jeder wichtige Akt ist mit der Verteilung solcher Häuptlings- oder Regierungsmatten verknüpft — oft einen politischen Anstrich hatte. Die feinsten Matten erben als kostbarer, unveräusserlicher Familienbesitz von Geschlecht zu Geschlecht fort, weil sie Rang und Reichtum der betreffenden Familie gleichsam symbolisch andeuten.

So einfach die Kleidung ist, um so reicher ist der Schmuck. Ohr-, Hals- und Armringe sind sehr beliebt. Um den Hals und im kurz geschnittenen, durch Kalk rötlich gebeizten Haar trägt man Blumen und Blätter. Wie bei allen Polynesiern ist auch trotz der Bemühungen der Mission und trotz der sehr schmerzhaften Operation die Tätowierung allgemein üblich, weil ein nicht tätowierter Jüngling als unmännlich und nicht als echter Samoaner gilt. Die Tätowierung wird von einer besonderen Künstlerkaste vorgenommen und besteht aus geradlinigen Figuren, die an Stelle des Lendenschurzes vom Nabel bis zum Knie aufgetragen werden. Die Feinheit der Ausführung steigt mit dem Ansehen der Person und der Höhe des dem Künstler gezahlten Preises. Beim weiblichen Geschlecht ist die Tätowierung weniger gebräuchlich und wird durch Parfüme ersetzt, die man in unglaublichen Quantitäten und Qualitäten anzuwenden pflegt. Auf Reinlichkeit hält man grosse Stücke. Bei jeder Gelegenheit, oft mehrmals am Tage, wird ein See- oder Flussbad genommen.

Die Vielweiberei war früher erlaubt; doch hatten gewöhnlich bloss die Vornehmen mehrere Frauen, die gut behandelt wurden. Ebenso kann das Familienleben trotz mancher Absonderlichkeiten als glücklich bezeichnet werden, und die Ehe gilt mit gewissen Einschränkungen als heilig, obwohl ihre Schliessung ebenso leicht ist wie ihre Lösung. Mischehen zwischen Weissen und Voll- oder Halbblut-Samoanerinnen sind keineswegs selten.[1]) Der Ehebruch zog früher strenge Strafen, meist den Tod, nach sich und konnte, wenn hohe Häuptlinge dabei beteiligt waren, sogar zum Kriege führen. Auch wachten die Vornehmen streng über die Keuschheit ihrer Töchter, die stets in Begleitung älterer Frauen ausgehen mussten und vor der Hochzeit genau untersucht wurden. Waren sie nicht mehr Jungfrauen, so wurden sie mit Schimpf und Schande zurückgewiesen. Unter besonders strenger Aufsicht stehen die Dorf- jungfrauen oder Taupous, die mit vornehm zurückhaltendem Wesen einen tadellosen Lebenswandel verbinden müssen. Sie werden schon in der Jugend auf ihren zukünftigen Beruf vorbereitet und gehören stets den edelsten Geschlechtern an. Jedes Dorf oder jeder Bezirk besitzt mindestens eines dieser Mädchen, die neben ihren besonderen Pflichten besondere Rechte haben und eine eigenartige sozialpolitische Rolle spielen. Sie nehmen bei feierlichen Anlässen an der Kawabereitung teil, sind bei religiösen Festlichkeiten als Vortänzerinnen thätig, bestimmen mit den Oberhäuptlingen über öffentliche Veranstaltungen und entscheiden über die weiblichen Glieder ihres Machtbereichs. Auch an Kriegszügen sind sie beteiligt, um die Verwundeten zu pflegen und gefallenen Feinden den Kopf abzuschneiden.

---

[1]) Die Samoanerin lebt sich rasch in ihre neue Stellung ein und hat wegen ihrer ausgezeichneten Hausfraueneigenschaften schon viele glückliche Ehen gestiftet. Dann bringt dem Fremden der Eintritt in eine angesehene samoanische Familie insofern Nutzen, als er, wenn er ein Händler oder Pflanzer ist, an den neuen Verwandten einen ausgedehnten Kundenkreis findet und von ihnen die so sehr begehrten Arbeitskräfte erhält. Freilich fordert der sehr verschiedene geistige Standpunkt der Ehegatten und die Notwendigkeit, mit der Verwandtschaft der Frau in gutem Einvernehmen zu leben, auf der anderen Seite auch manche Opfer und hat nicht wenigen bittere Enttäuschung gebracht, weshalb genaue Kenner im allgemeinen vor Mischheiraten warnen.

Wegen der mühelosen Befriedigung des Lebensunterhaltes wurde Kindermord auf Samoa nicht geübt. Dafür war aus Bequemlichkeitsgründen und aus Abneigung gegen allzugrossen Kindersegen die Abtreibung der Frucht um so häufiger.

Unter dem Einflusse der Mission geraten die alten heidnischen Religionsanschauungen mit ihrer zahlreichen Götterwelt und ihrer wohlausgebildeten Mythologie immer mehr in Vergessenheit. Ebenso geht die starre polynesische Kastensonderung in Vornehme und Gemeine, die sich streng an die Schöpfungssage anlehnte — der Adel soll unmittelbar von den Göttern, das gewöhnliche, geringschätzig behandelte Volk dagegen von Würmern abstammen — zusehends der Auflösung entgegen.

Es gab zwei Klassen von Göttern, zwischen denen jedoch keine festen Unterschiede bestanden, nämlich die oberen ursprünglichen oder Nationalgötter, die kaum verehrt wurden und für den religiösen Kult bedeutungslos waren, und die aus den Seelen der verstorbenen Häuptlinge hervorgegangenen Bezirks-, Dorf- und Familiengötter. Jede Ortschaft besass ihren Tempel und ihren heiligen Hain. Eigentliche Götterbilder gab es nicht, weil man gleich den Karoliniern der Ansicht war, dass die Götter irgend ein Tier, eine Pflanze u. s. w., die dann verehrt und geschont wurden, zu zeitweiligem Aufenthalt wählten. Der Gottesdienst bestand in Gebeten und in der Darbringung von Opfern essbarer Tiere und Feldfrüchte. Der Tabuglaube war allgemein, ebenso der Glaube an ein Fortleben nach dem Tode in der Unterwelt (Pulotu). Bezeichnend für die schroffe Ständegliederung der Samoaner, die selbst vor dem Tode nicht Halt machte, ist es, dass die Vornehmen, die feierlichst beerdigt wurden, durch ein grösseres Loch am Westende von Sawaii in ihre besondere Unterwelt eingingen, während die gemeinen Leute, deren Begräbnis ohne sonderliches Zeremoniell erfolgte, durch ein kleines Loch in eine andere Unterwelt kamen.

Heute sind sämtliche Samoaner Christen. Mit Ausnahme von 6600 Katholiken, unter denen die Maristen-Kongregation seit 1845 in 13 Stationen wirkt, und abgesehen von einigen wenigen Mormonen, gehören sie dem evangelischen Bekenntnis an, das durch die Wesleyanische Methodistenmission und die Londoner Missionsgesellschaft vertreten wird. Die letztere fasste als älteste Missionsgesellschaft zuerst im Jahre 1830 auf der Inselflur Fuss, wo sie sich ohne Schwierigkeiten und ohne jedes Blutvergiessen rasch ausbreitete, so dass sie heute auf ganz Samoa über 200 festgefügte Gemeinden mit 23000 Mitgliedern besitzt.[1]) Die aus mehr als 50 Häusern bestehende Missionsanstalt Malua auf Upolu bildet die Hochburg der Londoner Missionsgesellschaft und zugleich das Bollwerk des Engländertums in Deutsch-Samoa. Für das Bekehrungswerk ist sie von hoher Bedeutung geworden, weil sich hier das grosse Seminar befindet, in dem zahlreiche farbige Prediger und ihre eingeborenen Frauen ihre Erziehung erhalten haben. Doch sind die Eingeborenen trotz erstaunlicher Bibelkenntnis, trotz Sonntagsheiligung, fleissigen Kirchenbesuches und eifrigen Betens wahre Christen nicht geworden. Noch viele heidnische Gebräuche und Vorstellungen sind unter dem zäh am Althergebrachten festhaltenden Volk lebendig, und ungeachtet aller Bemühungen ist die Abschaffung der Tätowierung nicht gelungen. Die barbarische Sitte, gefallenen und verwundeten Feinden den Kopf abzuschneiden, ist ebenfalls unverändert geblieben. Sie wird sogar von den bibelkundigen Insulanern mit Stellen aus der Bibel gerechtfertigt.

Die Mission hat aber das Gute gehabt, dass sie die Samoaner, die infolge europäischer Übergriffe lange Zeit hindurch als gewaltthätige Wilde und, was sie höchstwahrscheinlich niemals gewesen sind, als Kannibalen verschrieen waren, mit der Aussenwelt in Verbindung brachte. Zuerst kamen Walfischfänger, um Proviant einzunehmen, ihnen folgte der Kaufmann, und die Leichtigkeit, mit der es möglich war, Grundbesitz zu erwerben, gab seit 1857 Anlass zur Einrichtung ausgedehnter Pflanzungen, die sich gedeihlich entwickelten. Wohl sind die Samoaner ein kriegerisches Volk, bei dem Freude am Kampf und Feigheit im Kampf nebeneinanderstehen und das, leicht empfindlich und grenzenlos rachsüchtig, oft aus geringfügigem Anlass zu den Waffen griff. Aber diese Kriege, die zu Lande wie zu Wasser geführt wurden, waren ursprünglich fast unblutig.[2]) Sie galten mehr als ein allerdings gefährlicher Sport und machten vor den fremden Plantagen Halt. Mit der Zeit nahmen sie jedoch einen

---

[1]) Diesen überraschenden Erfolg verdankt sie in erster Linie ihrem berühmtesten Sendboten John Williams, dem Apostel der Südsee. Schon bei seiner ersten Landung (am 22. August 1830) wie bei späteren Besuchen wurde er von den Samoanern freudig empfangen und geradezu stürmisch um Unterweisung in der neuen Lehre gebeten.

[2]) Nur einmal, im Jahre 1830, spielte sich unmittelbar vor dem Eintreffen der ersten Missionare eine schreckliche Scene samoanischer Grausamkeit ab. Die Eingeborenen von Aana, der westlichen Landschaft Upolus, waren von den Manono-Insulanern nach tapferer Gegenwehr überwältigt worden. Noch am Tage des Hauptgefechts begannen die entmenschten Sieger eine weite Grube auszuheben und sie mit Brennholz vollzufüllen. In das Feuermeer wurden zwei Tage und zwei Nächte lang die gefangenen Alten, Weiber und Kinder, 200—400 an der Zahl, geworfen. Die eben vorbeifahrenden Missionare konnten vom Schiff aus die Flammen der brennenden Dörfer und jenes Riesenscheiterhaufens wahrnehmen.

immer heftigeren Charakter an, weniger infolge der massenhaft eingeführten Gewehre, welche die alten Waffen — starke Speere mit Spitzen
aus Rochenstacheln, Keulen und Schleudern — fast ganz verschwinden
liessen, als vielmehr wegen der unglückseligen Verquickung auswärtiger
und politischer Fragen mit den inneren Angelegenheiten der Samoaner.
Meist gaben Rangstreitigkeiten, insbesondere die Königswahlen, zu ernsten
Zusammenstössen Anlass, weil die Königswürde nicht erblich war, sondern
von den 11 unabhängigen, einander voll Eifersucht gegenüberstehenden
Bezirken der Inselflur erbeten werden musste. Obendrein war die Macht
der Oberhäuptlinge oder Könige beschränkt, indem die Bezirkshäuptlinge
einen gewissen Einfluss besassen, der wieder durch die Dorfhäuptlinge
— mehrere Dörfer bilden einen Bezirk — bez. durch die Familien-
häuptlinge — mehrere Familien vereinigen sich zu einem Dorf, und die
Familie bildet die Grundlage des Staates — beeinträchtigt wurde.

Die unbefriedigenden staatlichen Verhältnisse und die politischen
Wirren haben leider die alten Sitten stark erschüttert und es mit sich
gebracht, dass die früher geübte ritterliche Kampfesweise, bei der man
vorher Ort und Zeit des Zusammenstosses bestimmte und weder nachts,
noch an Sonntagen Krieg führte, immer mehr abgekommen ist. Wochenlang lag man sich in befestigten Lagern in achtungsvoller Entfernung
unthätig gegenüber oder suchte einander durch heimtückische Überfälle
zu schädigen. Die Dörfer wurden verwüstet, die Kokospalmen umge-
hauen, die Brotfruchtbäume durch Ablösen der Rinde zum Eingehen
gebracht und die Felder zerstört, so dass trotz der erstaunlichen Fruchtbarkeit des Bodens sich in den Gegenden, wo viele Krieger versammelt
waren, Hungersnöte einstellten, welche die Eingeborenen zu Über-
griffen gegen die fremden Pflanzungen trieben. Der deutsche Besitz als
der älteste und ausgedehnteste auf der Inselflur hatte am meisten unter
diesen Diebereien zu leiden, und die Urbarmachung des Bodens geriet
unter der Ungunst der Verhältnisse ins Stocken. Die Plantagen konnten
nicht mehr erweitert werden, die angelegten Kapitalien lagen brach, und
ungeheure Mengen von Kokosnüssen verdarben, weil es zu ihrer Verarbeitung und Verwertung an Leuten fehlte. So war es höchste Zeit,
dass endlich die politische Aufteilung Samoas und im Anschluss hieran
eine vom deutschen Gouverneur mit Glück durchgeführte Entwaffnung
der Eingeborenen folgte.

Die Gesamtzahl der Samoaner soll früher, was indes unglaubwürdig
scheint, gegen 180000, nach Lapérouse sogar 400000 Köpfe betragen
haben, schmolz aber durch ständige Kriege so zusammen, dass man sie

1853 nur noch auf 34000 Seelen schätzte. Eine allmählich einsetzende Zunahme wurde wiederholt durch Seuchen unterbrochen, welche die Fremden als ein verhängnisvolles Geschenk nach Samoa brachten. Namentlich Masern, Scharlach und Influenza haben ungewöhnlich viele Opfer gefordert. 1894 traten die von einem europäischen Schiff eingeschleppten Masern zum ersten Mal in Samoa auf und rafften mehrere hundert Insulaner weg, von denen allerdings die Mehrzahl bei vernünftigem Verhalten hätte gerettet werden können.

Eine bald nach der Neuordnung der politischen Verhältnisse durchgeführte Volkszählung ergab 1900 für Deutsch-Samoa eine Gesamtzahl von 32815 Eingeborenen, unter denen 16894 männlichen und 15921 weiblichen Geschlechts waren. Bei einer mittleren Volksdichte von 13 Einwohnern auf 1 km² verteilten sie sich über 101 Dörfer, und zwar entfielen auf Upolu 17755 Seelen in 53 Ortschaften, auf Sawaii 14022 in 42 Siedelungen, auf Apolima und Manono 1038 in 6 Niederlassungen. Zu den Samoanern kommen noch gegen 1000 melanesische Pflanzungsarbeiter und 400 Weisse, von denen 180 Deutsche sind. Die meisten stehen im Dienste der Deutschen Handels- und Plantagengesellschaft, die auch die überwiegende Mehrzahl der farbigen Arbeiter beschäftigt. Die amerikanischen Samoa-Inseln enthalten nur 215 km² Fläche mit rund 4000 Eingeborenen.

5. Kolonialer Nutzwert der neuen deutschen Erwerbungen in der Südsee.

Als die Begeisterung über die Erwerbung der Karolinen und Marianen einer nüchterneren Auffassung Platz gemacht hatte und als man den politischen und wirtschaftlichen Wert des neuen Besitzes kritisch zu prüfen begann, da drängte sich unwillkürlich die Frage auf: Hat Deutschland mit dem Ankauf der lange vernachlässigten und vom grossen Strom des Weltverkehrs abgelegenen Inselgruppen ein gutes Geschäft gemacht? Thatsächlich fehlte es nicht an pessimistischen und ablehnenden Stimmen, die sogar soweit gingen, dass man in den fernen Archipelen bloss nichtsnutzige Inselchen und Spielzeuge der Herren Geographen sah, von deren paar tausend Eingeborenen nichts zu gewinnen sei, weil sie selbst nichts hätten. Man berief sich bei diesem herben Urteil auf Bismarck, der nach dem glücklich beigelegten Streit mit Spanien von der „Lumperei der Karolinen" gesprochen hatte, die einen Krieg nicht wert sei. Das war aber im Jahre 1885 der Fall gewesen, wo Ostasien und der Stille Ozean noch nicht im Brennpunkte der Interessen standen und wo in Deutschland noch niemand an die Festsetzung in Kiautschou dachte, während heute unter den von Grund auf veränderten Verhältnissen die pacifischen Inselgruppen eine ganz andere Stellung gewonnen haben. Für Spanien waren die Karolinen und Marianen, wie der Reichskanzler v. Bülow treffend hervorhob, nach dem endgültigen Zusammenbruch seines einst so stolzen Kolonialreiches nur noch wertlose, unnütze Ausgaben verursachende Trümmer eines eingestürzten Gebäudes. Für uns sind sie die Strebepfeiler eines neuen, zukunftsvollen Baues und ein neues Glied in der Kette unserer Südseegebiete. Zunächst entspricht ihr materieller Wert allerdings nicht der Höhe des aufgewendeten Kaufpreises, und es wird sicherlich noch mancher Opfer und langer, mühsamer Arbeit bedürfen, um das unter spanischer Herrschaft verwahrloste Inselreich nutzbar zu machen.

Bezüglich seiner wirtschaftlichen Wertschätzung können wir unsern mikronesischen Besitz weder jetzt, noch in Zukunft mit den ausgedehnten Kulturflächen Kaiser Wilhelms-Landes und des Bismarck-Archipels vergleichen. Wohl kommen der tiefgründige Anschwemmungsboden und

die fruchtbare vulkanische Verwitterungserde der Hochinseln, die reichliche Bewässerung und das gleichmässige, feuchtwarme Klima der Ein-
bürgerung tropischer Nutzgewächse in jeder Weise entgegen, und die in
den Missionsgärten, sowie in dem neuen staatlichen Versuchsgarten auf
Saipan unternommenen Versuche kleineren Masstabs haben die besten
Ergebnisse geliefert. Namentlich Baumwolle, Kakao, Kaffee, Tabak, Vanille,
Zuckerrohr und Manilahanf gedeihen in vorzüglicher Güte, auf Palau haben
die Japaner mit der Anpflanzung von Indigo begonnen, und Nährfrüchte
wie Reis und Mais werden auf den Marianen mit solchem Erfolg gebaut,
dass die deutsche Verwaltung, um die verödeten Reisfelder des Innern
ihrer alten Bestimmung wieder dienstbar zu machen, auf die Neu-
besiedelung des verlassenen und mit der Zeit verwilderten Binnenlandes
eine Belohnung ausgesetzt hat. Für Pflanzungsunternehmungen grösseren
Umfangs ist aber das verfügbare Land wegen der Kleinheit der vulkanischen Hochinseln, die zum Plantagenbetrieb ausschliesslich geeignet
sind, viel zu beschränkt. Dann sind die Absatzgebiete weit entfernt,
und endlich wird der beste Boden bereits von den Kulturen der Eingeborenen eingenommen, oder das Land muss, wie auf den Marianen,
für die zunehmende Einwanderung eingeborener Kolonisten offen gehalten
werden. Tinian soll wegen seines Reichtums an verwilderten Haustieren
in erster Linie ein Viehzuchts- und Weideland bleiben. Die Rinderherden
sind als Regierungseigentum übernommen, da die Viehzucht wegen der
günstigen Lage der Marianen für den zukünftigen Südseeverkehr (vergl.
S. 99) einen lohnenden Gewinn verspricht und deshalb durch staatliche
Viehwirtschaften auf Rota und Saipan rationeller betrieben wird. Der im
Hafenort Tanapag angelegte Viehpark vermag in wenigen Jahren das
zur Verproviantierung der Schiffe erforderliche Schlachtvieh zu liefern;
Schweine und Hühner können schon jetzt in beliebiger Menge abgegeben
werden. Auch Ponape ist zur Viehzucht wohl geeignet: Klauenvieh aller
Art gedeiht dort vortrefflich, und Viehkrankheiten sind bisher nicht be-
kannt geworden.

Obwohl schon 1892 in Ponape eine Dampfsägemühle in Betrieb
gesetzt wurde, bleibt die Ausbeute des Urwaldes abzuwarten, weil die
Transportkosten wegen des Mangels an geeigneten Verkehrsmitteln ziemlich hoch sind und weil man die vorhandenen Nutzhölzer noch viel zu
wenig kennt. Eine Rolle spielt bisher nur die für die Knopffabrikation
und für Drechslerarbeiten wichtige Steinnuss, auch vegetabilisches Elfen-
bein genannt, d. h. das weissliche, anfangs flüssige, dann weiche und
zuletzt steinharte Sameneiweiss der Pandanusart Phytelephas macrocarpa.

Die Pflege des auf den Karolinen wild wachsenden Ylang-Ylangbaumes, aus dem auf den Philippinen das bekannte Parfüm gewonnen wird, erscheint ebenfalls lohnend, da die Vorliebe der Mikronesier für wohlriechende Stoffe schon heute eine lebhafte Parfümeinfuhr ins Leben gerufen hat. Zu erwägen wäre endlich der Anbau der auf den Karolinen überaus häufig vorkommenden verwilderten Ananas, die wegen ihrer wohlschmeckenden Früchte und ihrer zu feinen Stoffen wie zu gröberen Seilen, Schnüren und Fäden verwendbaren Fasern in Westindien mit grossem Gewinn kultiviert wird.

Von den Schätzen des Meeres sind für den Welthandel bloss kleine Mengen von Perlmutter, Schildpatt und Trepang erwähnenswert, die keine hohen Erträge abwerfen. Obendrein bedarf der vom chinesischen Markt sehr begehrte Trepang zur Wiedererneuerung der stark abgefischten Fanggründe dringend einer längeren Schonzeit (vergl. S. 46).

So nimmt im Aussenhandel der Karolinen und Marianen nur ein Erzeugnis eine bevorzugte Stellung ein, nämlich die Kopra, die an Menge und Wert alle anderen Ausfuhrgegenstände weit übertrifft.[1])

Die Kokospalme, die Königin der Südsee, wie man diesen wichtigsten Baum des Stillen Ozeans genannt hat, findet nicht bloss seitens der Eingeborenen die vielseitigste Verwendung, sondern bildet auch für die Fremden die Hauptgrundlage des pacifischen Handels. Sie ist es gewesen, die Deutschland zuerst und so fest mit dem Stillen Meer verknüpft hat. Fällt eine Kokosnuss zu Boden oder wird sie vom Meer ans Land getrieben — wegen ihrer eigentümlichen Dreiecksgestalt vermag sie sich leicht über Wasser zu halten, und noch während des Schwimmens befördern Feuchtigkeit und Sonnenwärme den Keimprozess —, so beginnt sie in dem mageren Sand- oder Kalkboden Wurzel zu schlagen. Da der heranwachsende Stamm lediglich von Unkraut, von Ratten und schädlichem Ungeziefer frei zu halten ist, und da der genügsame Baum, der zu seinem Gedeihen nur die Nachbarschaft des Meeres, salzhaltige Seeluft und tropisches Klima braucht, mit dem kümmerlichsten Boden vorlieb nimmt, so verlangt die Anlage und Unterhaltung einer Kokospflanzung weder übermässige Kosten, noch hohe Anlagekapitalien. Trotzdem giebt es schwerlich ein lohnenderes, die aufgewendeten Mühen reichlicher verzinsendes Massengewächs als die Kokospalme. Wenn man bedenkt, dass für eine Tonne Kopra je nach dem Verkaufsort

---

[1]) 1900/01 bewertete sich die Einfuhr auf 460000, die Ausfuhr auf 263500 Mark. Von letzterer Summe entfielen auf die Kopra nicht weniger als 250000 Mark.

120—260 Mark bezahlt werden und dass 60 volltragende Bäume jährlich 1000 kg Kopra abwerfen, so bringt jede Palme im Jahresdurchschnitt
3—4 Mark und 1 ha Kokosland bei niedrigstem Marktpreis 500 Mark
ein, wovon mindestens die Hälfte als Reingewinn gelten kann. Da;
ferner die Palme vom 8. bis zum 80. Jahre alljährlich 60—100 Nüsse
liefert, deren Zahl bis zum 30. Jahre stetig zu- und vom 40. Jahr ab
langsam wieder abnimmt, so macht sie durch ihren erstaunlichen Frucht-
segen das kleinste Atoll zu einer vegetabilischen Goldgrube. Allerdings
richten ausser den gefrässigen Ratten, den gefährlichsten Feinden aller
jungen Kulturen, auch verheerende Orkane, anhaltende Trockenheit und
Blattkrankheiten zuweilen beträchtlichen Schaden an. Auf Yap sind in
den letzten Jahren stellenweise 45 % der Bestände an der Blattkrank-
heit eingegangen, so dass die Kopraerträgnisse starken Schwankungen
unterliegen. Nichtsdestoweniger bietet die Kokospalme eine der sichersten
Einnahmequellen dar, deren Förderung um so notwendiger erscheint,
als andere Kulturen aus den bereits angedeuteten Gründen den Plantagenbau nicht lohnen oder auf dem dürftigen Boden der niedrigen
Koralleneilande überhaupt ausgeschlossen sind. Die wirtschaftliche
Weiterentwickelung der Atolle ist somit lediglich durch die Vermehrung
der Kokosbestände möglich.

Früher wurde der ölhaltige Saft der reifen Kokosnüsse von den
Eingeborenen mittels primitiver Pressen gewonnen und in Fässern zur
Versendung gebracht. Diese Art der Verfrachtung bedeutete aber nicht
bloss eine Raumverschwendung, sondern es ging auch viel Öl und vor
allem der wertvolle Rückstand verloren, dessen stickstoffreiche Zellmasse
den als Kraftfutter für das Vieh geschätzten kleienartigen Palmkuchen
liefert. Konsul Weber in Apia, der einstige Leiter der Deutschen
Handels- und Plantagengesellschaft für die Südsee, führte daher das
heute allgemein gebräuchliche Verfahren ein, nach welchem das reife
Fleisch der Kokosnuss getrocknet und zerschnitten wird, um dann als
Kopra zu weiterer Verarbeitung nach Europa oder Amerika zu gelangen,
wo das ausgepresste Öl zur Herstellung feiner Seifen und Parfüme, bei
der Kerzen- und Kokosbutterfabrikation und zu anderen Zwecken viel-
fache Verwendung findet. So dient die Kopra einer ganzen Reihe von
Geschäftszweigen, bei denen in Zukunft eher eine Zunahme als ein
Rückgang erwartet werden darf und die es erklären, dass die Kokosnuss von Jahr zu Jahr auf dem Weltmarkt an Bedeutung gewinnt.

Da nun die Kopraerzeugung auf den Karolinen und Marianen, wo
sie augenblicklich erst 2500 Tonnen im Jahre einbringt, durch geeignete

Massnahmen erheblich gesteigert werden kann, so hat die Deutsche Regierung zunächst die herrenlosen Palmenwälder in Besitz genommen und sie mit Gewinn an einige Unternehmer verpachtet (vergl. S. 31). Zugleich ist ihnen die Verpflichtung auferlegt worden, jedes Jahr eine bestimmte Fläche neu mit Kokospalmen zu bepflanzen. Die Regierung ist aber auch selbst mit der Anlage von Kokosplantagen ermunternd vorgegangen und hat seit der kurzen Zeit ihres Bestandes bereits über 15 000 Kokospalmen auf den Marianen angepflanzt. Ferner sind die Häuptlinge belehrt und angewiesen worden, die Vermehrung des für Eingeborene und Fremde gleich wichtigen Baumes energisch in die Hand zu nehmen. Die Karolinier kommen diesen Anordnungen bereitwilligst entgegen, da sie den Wert der Kopra immer mehr verstehen und sie als ein willkommenes Mittel zur Erfüllung neuer Wünsche und Bedürfnisse schätzen. Aus diesem Grunde hat eine ganze Anzahl spekulativer Häuptlinge schon ausgedehnte Kokospflanzungen angelegt.

Zu gleichmässiger Arbeit freilich haben sich die Insulaner noch nicht aufgeschwungen. Da aber die Einfuhr fremder Arbeitskräfte erhebliche Schwierigkeiten und Kosten verursacht, so ist hier wie überall in der Südsee die Arbeiterfrage eines der wichtigsten wirtschaftlichen Probleme, und eine der vornehmsten Aufgaben der deutschen Verwaltung besteht darin, die bedürfnislosen Insulaner, denen die Natur freiwillig ihre Gaben spendet, wieder an geregelte Arbeit zu gewöhnen und sie zu zuverlässigen Menschen zu erziehen. Dieses Unterfangen ist schwer, erscheint aber nicht aussichtslos. Denn einmal ist eine Reihe von Karoliniern bereits im Dienst der Jaluit-Gesellschaft auf den Karolinen und dem Marshall-Archipel thätig. Dann ist das intelligente, leider in raschem Rückgang begriffene Völkchen der Yaper mit bestem Erfolg zum Polizeidienst herangezogen worden und hat im Wegebau Verdienstliches geleistet, so dass heute bereits 60 km Strassen, zum Teil kleine Kunstbauten, die Insel durchschneiden. Ein rühmliches Zeugnis ihrer Ausdauer, ihrer Geschicklichkeit und ihres Interesses sind ferner zwei Hafendämme, von denen der eine, 360 m lang, in drei Monaten, der andere, 916 m lang, in sieben Monaten fertiggestellt wurde. Endlich haben die fleissigen Leute den 838 m langen Isthmus, der beide Hälften Yaps verbindet (vergl. S. 38), binnen acht Monaten durchstochen und trotz aller Schwierigkeiten einen für Boote benutzbaren Kanal angelegt, der für die zum Tomilhafen fahrenden Schiffe die bisher drei Tage dauernde, durch hohen Seegang sehr erschwerte und gefährdete Umsegelung der ganzen Insel auf einen Tag abkürzt. Auch den Palauern ist ein hohes Mass von Pflichtgefühl und gutem Willen eigen. Da aber bei ihnen die Reichen und Mächtigen die Armen ungestraft ausplündern konnten, so bauten letztere nur so viel, als sie zu ihrem Unterhalt brauchten, weshalb die geringe Produktion der Inselflur viel mehr auf soziale Misstände als auf die Unfruchtbarkeit des auf Palau weit verbreiteten Kalkbodens zurückzuführen ist. Das Kaiserliche Gouvernement hat sofort die Verfügung erlassen, dass keine Leistung ohne eine entsprechende Gegenleistung gefordert werden darf.

Auch sonst hat sich die Regierung der Eingeborenen in väterlicher Weise angenommen, um den Hass gegen die Fremden, den die drückende Gewaltherrschaft der Spanier grossgezogen, zu beseitigen und durch verständnisvolles Eingehen auf die Anschauungen und Überlieferungen der Insulaner deren wohlbegründetes Misstrauen gegen das neue Regiment zu zerstreuen. Thatsächlich hat mit dem Einzug der deutschen Herrschaft sofort eine Zeit friedlicher Entwickelung und offenbaren wirtschaftlichen Fortschrittes ihren Anfang genommen. Die Bewohner der Marianen, die sich bei Ankunft der Deutschen in den Busch flüchteten, sind die friedfertigsten Unterthanen geworden, so dass die neu eingerichtete Polizeitruppe trotz ihrer geringen Stärke (40 Mann) für ihren Zweck vollständig ausreicht. Jedes Jahr wandern aus Guam neue Eingeborene in unsern Anteil der Inselflur ein: ein erfreulicher Beweis dafür, dass sie sich unter deutschem Schutz wohler fühlen als unter der strengen amerikanischen Herrschaft. Die Karolinier, die mit den Spaniern in unausgesetzter Fehde lebten und von ihrer 800 Mann starken Besatzung nicht bezwungen werden konnten, bringen dem neuen Herrn ebenfalls Vertrauen und Gehorsam entgegen, obwohl man auch hier von vornherein auf den kostspieligen spanischen Militär- und Beamtenapparat verzichtet hat und sich mit einer bloss 50 Mann zählenden Polizeitruppe aus Eingeborenen begnügt.

Um den Rechtsanschauungen der Insulaner möglichst entgegenzukommen und sie in ihren inneren Angelegenheiten möglichst selbständig zu lassen, sind wie auf dem Bismarck-Archipel die Häuptlinge mit einem Teil der Rechtspflege betraut worden, was bei dem verhältnismässig hohen Kulturzustand der Eingeborenen ohne Schwierigkeiten möglich war und schon erheblichen Nutzen gestiftet hat. Die Bezirksvorsteher und Ortsschulzen, sowie deren Stellvertreter sind für Aufrechterhaltung der öffentlichen Ordnung, für Einziehung der Steuern, Einrichtung und Pflege der innerhalb ihres Gebietes befindlichen Wege und Kokospflanzungen verantwortlich und versammeln sich allmonatlich einmal im

Bezirksamt, um Bericht zu erstatten und neue Weisungen einzuholen. Im übrigen wird die Gerichtsbarkeit von den Bezirksämtern in Saipan, Yap und Ponape ausgeübt.

Da die spanischerseits betriebene gewaltsame Entvölkerung der Marianen den deutschen Anteil besonders schwer betroffen hat, so muss jeder Menschenzuwachs für die der Arbeitskräfte bedürftigen Inseln dringend erwünscht sein. Deshalb begünstigt man die Einwanderung in jeder Weise und sucht die natürliche Vermehrung dadurch zu heben, dass unter Beibehaltung der von den Spaniern für alle männlichen Eingeborenen von 15—60 Jahren eingeführten Arbeitsverpflichtung die Ledigen 20 Tage, die Verheirateten dagegen nur 12 Tage im Jahre unentgeltlich an öffentlichen, dem Gemeinwohl dienenden Unternehmungen arbeiten müssen. Familienväter von mehr als fünf Kindern bleiben ganz von der Frondienstleistung befreit. Auch wer seine Steuern nicht bezahlen kann — die von den Spaniern erhobenen Abgaben hat man als ein Zwangs- und Erziehungsmittel zur Arbeit ebenfalls bestehen lassen —, muss eine entsprechende Anzahl von Tagen dafür arbeiten.

Als ein weiteres Erziehungsmittel wird die Unterdrückung der Branntwein- und Waffeneinfuhr streng gehandhabt. Obwohl schon die Spanier ein gleiches Verbot erlassen hatten, wurde es auf verschiedene Weise umgangen. Infolgedessen nahmen Trunksucht und Habgier in erschreckendem Masse zu. Der Erlös für die Kopra wurde Wochen lang in schlechtem Rum vergeudet, und schliesslich arbeitete man überhaupt nichts mehr, sondern borgte die Händler planmässig an, ohne jemals an die Wiedererstattung der Schuld zu denken. Weil hierdurch jedes ehrliche Geschäft schwer geschädigt wurde und die aus der überhand nehmenden Trunkenheit entspringenden Streitigkeiten zu förmlichen Stammesfehden ausarteten, so wurde im Interesse der Eingeborenen und des allgemeinen Wohles bestimmt, dass geistige Getränke nur mit besonderer Erlaubnis der örtlichen Verwaltungsbehörden verkauft werden durften. Da man jedoch bald die Erfahrung machte, dass sich die Karolinier nach Unterbindung der Spirituosenzufuhr in übertriebenem Masse dem Genuss eines selbstbereiteten berauschenden Getränks, des Palmweins, zuwandten, so wurde dessen gewerbsmässige Herstellung, die obendrein die Palmen schwer schädigte, ebenfalls streng untersagt. Ebenso ist man dem unter spanischer Herrschaft blühenden Waffenschmuggel, der namentlich von japanischen Händlern betrieben wurde, nachdrücklichst entgegengetreten.

Das in seiner Entwickelung weit zurückgebliebene, durch die un-

ruhigen Zustände der letzten 15 Jahre noch mehr herabgekommene und
an natürlichen Hilfsquellen nicht übermässig reiche Inselgebiet der Karolinen ist erst kürzlich in den Weltverkehr einbezogen worden, indem Yap
und Ponape durch die Postdampfer des Norddeutschen Lloyd sechswöchige
Verbindung mit Sydney und Hongkong erhalten haben. Den örtlichen
Verkehr und, so lange der dem Gouverneur bewilligte Regierungsdampfer
noch nicht fertiggestellt ist, auch den amtlichen Verkehr innerhalb des
Schutzgebietes vermittelt ein Anschlussdampfer der Jaluit-Gesellschaft.
Den Marianen dagegen, die schon in spanischer Zeit sehr stiefmütterlich
behandelt waren (vergl. S. 30), fehlt noch immer jede regelmässige Verbindung. Sie werden nur in unbestimmten Zwischenräumen meist von
japanischen Seglern angelaufen, weil die probeweise versuchte Ein-
beziehung in die über die Karolinen führende Postdampferlinie sich als
verfehlt erwies und wieder aufgehoben wurde. Auch eine telegraphische
Verbindung mit dem Neuguinea-Schutzgebiet besteht zur Zeit noch nicht.
Doch werden in den drei Bezirksämtern Ponape, Yap und Saipan Post-
anstalten nebenamtlich verwaltet.

Im Handel mit den Marianen steht Japan an erster Stelle. Der
Handel mit den Karolinen dagegen lag schon lange vor ihrer politischen
Besitzergreifung zu 80 Prozent in deutschen Händen, und zwar war es
das Hamburger Haus Godeffroy, das hier in den sechziger Jahren die
erste Station errichtete und auch in diesem Teile der Südsee als erster
Pionier des vaterländischen Handels erschien. Die Niederlassungen
wurden später von der Deutschen Handels- und Plantagengesellschaft
für die Südsee übernommen, der sich das Hamburger Haus Hernsheim
u. Co. hinzugesellte. Aus der Vereinigung beider Firmen ging die Hamburger Jaluit-Gesellschaft hervor, die auch den Marshall- und Gilbert-
Archipel ausbeutet und somit ganz Mikronesien wirtschaftlich beherrscht.
Obwohl sie über 40 Haupt- und Nebenstationen verfügt, denen erst
8 Niederlassungen fremder Firmen gegenüberstehen, so macht sich doch
deren Wettbewerb in zunehmendem Masse fühlbar. Auf den westlichen
Karolinen beginnt der Einfluss eines amerikanischen Geschäftes mit aus-
gedehntem Wirkungskreis zu überwiegen, auf den östlichen Karolinen
streiten sich Deutsche, Engländer, Amerikaner und die rührigen Japaner
um den Vorrang. Das einzige spanische Handelshaus auf dem Archipel
ist von untergeordneter Bedeutung.

Sind unsere mikronesischen Kolonien alles in allem weit entfernt,
im Welthandel eine Rolle zu spielen, so darf man doch über den wirtschaftlichen auch politische Gesichtspunkte nicht vergessen, und gerade

sie sind für den Ankauf der Karolinen und Marianen nicht zum wenigsten entscheidend gewesen. Man kann manchmal die Überzeugung hören, dass wir beide Archipele bloss deshalb genommen hätten, damit sie keiner andern Macht zufielen. Das mag richtig sein. Oft ist es jedoch politisch klug, etwas zu erwerben, nur damit es kein anderer bekommt, und Deutschland musste ein ganz besonderes Interesse daran haben, dass zu einer Zeit, wo alle grossen Handelsstaaten wegen der zukünftigen Bedeutung der Südsee in jenem viel umworbenen Weltmeer nach Besitztiteln streben, kein Keil zwischen seinen melanesischen und ostasiatischen Besitz geschoben wurde, der die Schaffung eines für den weiten Weg zwischen Kaiser Wilhelmsland und Kiautschou so notwendigen Stützpunktes vereitelt hätte. Nachdem wir einmal im Pacific Fuss gefasst haben, wäre es ein schwerer Fehler gewesen, wegen der Geringfügigkeit des Kaufgegenstandes und der Höhe des Kaufpreises das spanische Anerbieten zurückzuweisen, und wir sind unserer Regierung Dank schuldig, dass sie rechtzeitig einer solchen Möglichkeit vorzubeugen wusste.

So aber hat der Gewinn der Karolinen unsern Südseebesitz abgerundet und auf die ungefähre Grösse des Australkontinents erweitert. Freilich bezeichnet das neuerdings so beliebt gewordene Schlagwort Abrundung mehr einen geometrischen Begriff, und diese Abrundung ist nicht einmal vollständig, weil sich inmitten des deutschen Südseeanteils, auf Guam, der besten, grössten und volkreichsten Marianen-Insel, die Vereinigten Staaten als unbequemer Nachbar festgesetzt haben. Auf der andern Seite ist uns durch die neue Erwerbung eine Seeprovinz zugefallen, die, vor den Thoren Chinas sich ausbreitend, trotz ihrer weiten Entfernung von Asien und vom direkten Wege nach Kiautschou die chinesischen Gewässer überwacht und eine fast ganz unter deutschem Einfluss stehende Brücke von Neuguinea nach Deutsch-China schlägt. Ein weiterer nicht zu unterschätzender Vorteil besteht darin, dass uns die Karolinen und Marianen nicht bloss schlechte, von furchtbaren Taifunen, den Geisseln jener Gewässer, bedrohte und an frischem Trinkwasser arme Atollhäfen eingebracht hat, wie wir sie bisher auf der Marshall-Gruppe besassen, sondern sturmsichere Berghäfen im Schutz der wohlbewässerten, fruchtbaren Hochinseln, die nach sachgemässem Ausbau zu Kohlenstationen[1]), Zufluchtsstätten und Ausfallsthoren für

---

[1] In der kohlenarmen Südsee erlangen Kohlenstationen eine ganz besondere Bedeutung. Unseren maritimen Stützpunkten werden in absehbarer Zeit die deutschen Bergwerke in Schantung die Kohlen liefern, nachdem kürzlich der erste Kohlenzug aus den Gruben von Weishien in Tsingtau eingetroffen ist.

unsere Kriegs- und Handelsschiffe wie geschaffen sind. Vor allem ist der geräumige Hafen Tanapag auf Saipan einer der besten jenes Gebietes, viel besser als alle Küstenplätze des amerikanischen Guam. Nach Fertigstellung des mittelamerikanischen Weltmeerkanals werden sämtliche Südsee-Inseln als Haltepunkte und Zwischenstationen für Kabel- und Schiffahrtslinien, als Kohlenstationen und aus strategischen Gründen erheblich an Wert gewinnen. Da nun die Marianen dank ihrer Lage im Schnittpunkte der grossen pacifischen Zukunftsstrassen zwischen Japan und Australien, zwischen Ostasien und Mittelamerika, zwischen den Philippinen und San Francisco die günstigsten verkehrsgeographischen Bedingungen aufweisen, und da auch die Marshall-Inseln und Karolinen durch eine vom Nicaragua- oder Panamakanal nach den Philippinen gezogene Linie geschnitten werden, so ist zu erwarten, dass sich die wirtschaftlich wenig wichtigen, politisch- und verkehrsgeographisch aber um so wertvolleren Inselwolken unseres mikronesischen Besitzes trotz des unausbleiblichen Wettbewerbs der Vereinigten Staaten zu einem zukunftsvollen Stück deutscher Erde entwickeln werden.

Gleiches gilt von Samoa, dem wegen seiner zentralen Lage schon jetzt eine hohe Bedeutung zukommt. Denn über die reizvolle Inselgruppe, die überdies den einzigen maritimen Stützpunkt Deutschlands im südlichen Pacifik darstellt und wegen ihrer Fruchtbarkeit die gleichzeitige Verpflegung mehrerer Kriegsschiffe gestattet, führt der kürzeste Weg von Hongkong nach Valparaiso. Ebenso wird sie von den Dampfern und unterseeischen Kabeln berührt, die zwischen den Vereinigten Staaten und Kanada einerseits, Australien und Neuseeland andererseits die Wasserwüste des Stillen Ozeans durchkreuzen. Da somit Samoa für den Weg zwischen Amerika und Australien stets eine Hauptstation sein wird, so erklärt es sich, dass die Vereinigten Staaten mit Zähigkeit an der Behauptung der Insel Tutuila festhielten und dass sie Millionen aufwenden, um den ihnen zugefallenen Hafen Pango-Pango zu einem starken Bollwerk auszubauen. Dorthin haben sie auch ihre früher über Apia gehende Dampferlinie verlegt, so dass ein kleiner Anschlussdampfer die deutsche Post nach und von Apia bringen muss, wo das kaiserliche Postamt für Deutsch-Samoa errichtet worden ist. Zur Schaffung eines Gegengewichts ist unsererseits die Anlage eines Kriegshafens, für den wegen der Mangelhaftigkeit der Reede von Apia die einen guten Unterschlupf gewährende Asau-Bucht auf Sawaii (vergl. S. 71) trotz ihrer Abgelegenheit und trotz des Mangels an fruchtbarem Hinterland am geeignetsten erscheint, ebenso notwendig

wie die Gründung einer deutschen Schiffahrtslinie, die unserer jüngsten
Kolonie noch völlig fehlt und sie von englischen und amerikanischen
Gesellschaften abhängig macht. Doch ist dankbar anzuerkennen, dass
sowohl die amerikanische wie die neuseeländische Dampferlinie sich in
wirksamer und glücklicher Weise an der Entwickelung der Inselflur be-
thätigt haben. Das kleine Samoa vermag noch keine Frachten für grosse
Dampfer zu sichern, so dass ohne einen ansehnlichen Reichszuschuss
die Einrichtung einer deutschen Schiffahrtslinie nicht möglich wäre.

So sehr jedoch Samoa und die andern Südsee-Archipele den zu
erwartenden pacifischen Verkehr zu fördern vermögen, ebensowenig
darf man deren zukünftige Bedeutung überschätzen. Denn auch nach
der Vollendung des Panama- oder Nicaraguakanals wird der europäische
und ein Teil des amerikanischen Schiffsverkehrs mit Ostasien nach wie
vor den alten kürzeren Weg durch den Suezkanal oder um Afrika herum
beibehalten, so dass der mittelamerikanische Kanal niemals die Wichtig-
keit des Suezkanals für den internationalen Verkehr erlangen wird.
Dann können sich die pacifischen Inseln wegen ihrer Abgelegenheit und
räumlichen Kleinheit nie mit den grossen Erzeugungsgebieten der Erde
messen, wenngleich ihre wirtschaftliche Entwickelung noch sehr beträchtlich gesteigert werden kann.

Deutsch-Samoa ist wegen des Mangels an Gold und andern Schätzen
lediglich eine landwirtschaftliche Kolonie. Unter den Kulturgewächsen
stellt auch hier wieder die Kokospalme den für die Eingeborenen wie
für die Fremden nützlichsten Baum dar, dessen Erträgnisse den weitaus
überwiegenden Anteil an der Ausfuhr ausmachen. Weil aber die Kopragewinnung nicht unerheblichen Schwankungen unterliegt — 1899 fand
eine ungewöhnlich reiche Kopraernte statt, die 7792 Tonnen zum Ver-
sand brachte, worauf die Erträge infolge schwerer Stürme und anhaltender Dürren, die den Palmen grossen Schaden zufügten, stark
zurückgingen —, so wird dadurch die Ausfuhr und von ihr wieder die
Einfuhr sehr entschieden beeinflusst.[1]) Man hat deshalb für eine wesent-

---

[1]) Den Rückgang der Aus- und Einfuhr zeigt folgende Tabelle (in Millionen Mark):

	1897	1899	1900	1901
Einfuhr	1 384 446	1 954 415	2 105 811	1 571 093
Ausfuhr	1 004 032	1 485 416	1 265 799	1 005 897
Summa	2 388 478	3 439 831	3 371 610	2 576 990

Davon entfielen 1900 auf die Ausfuhr von Kopra 1 257 700 Mark, auf diejenige von Kawa-
wurzeln nur 5000 und von Kakao erst 1900 Mark. An der Einfuhr sind in erster Linie

liche Vermehrung der zur Zeit 120 000 Stück zählenden Kokospalmen
Sorge getragen, indem, die Plantagen vergrössert und die Eingeborenen
durch entsprechende Verordnungen angehalten wurden, auf ihren brach-
liegenden Ländereien jährlich mindestens 50 Kokosnüsse auszusäen, so
dass sich in absehbarer Zeit die Kopraerzeugung verdoppeln oder ver-
dreifachen wird. Ferner hat man, um die grossen Schwankungen der
lediglich auf Kopra beruhenden Ausfuhr auszugleichen und um die gesamte Handelsbewegung zu steigern, dem Anbau anderer tropischer
Nutzpflanzen, die bisher gegenüber der Kokospalme eine ganz unter-
geordnete Rolle spielten, erhöhte Aufmerksamkeit geschenkt. Auf Grund
der gewonnenen Erfahrungen darf man mit gutem Grunde annehmen
dass alle feuchttropischen Kulturen, soweit sie nicht an ganz besondere
Lebensbedingungen geknüpft sind, in Samoa trefflich gedeihen und
reichliche Erträge versprechen, vorausgesetzt, dass ihr Anbau verständnisvoll und umsichtig betrieben und gegen pflanzliche und tierische
Schädlinge ausreichend geschützt wird. Für diese Zwecke wäre ein
Versuchsgarten, wie sie bereits in unsern andern Kolonien bestehen,
von grossem Nutzen.

Von den in Frage kommenden Nutzgewächsen gedeiht der Tabak
ausgezeichnet und wird von den Eingeborenen viel und sorgfältig angebaut. Die Baumwolle entwickelte sich ebenfalls vorzüglich und lieferte
1 Million Pfund Wolle. Doch wurde ihre Kultur 1894 wieder eingestellt, weil sie sich zu wenig lohnte und weil in der Zwischenzeit die
neu angepflanzten Kokospalmen tragfähig geworden waren. Die Kaffee-
pflanzungen sind leider durch den gefährlichen Kaffeeschädling Hemileia
vernichtet worden. Um so erfolgreicher sind die Anbauversuche mit
Zuckerrohr, Thee, Bananen, Apfelsinen und Ananas ausgefallen, und
gleiches kann für alle Gewürzpflanzen, wie Ingwer, Muskatnuss, Gewürz-
nelken, Zimmet, Vanille und Pfeffer, ferner für eine ganze Reihe von
Flecht- und Fasergewächsen behauptet werden, von denen zahlreiche
Vertreter und Abarten als Bestandteile der einheimischen Flora auf der
Inselflur wild wachsen. Auch an farbstoff- und gerbstoffhaltigen Pflanzen,

---

Australien und Neuseeland beteiligt, weil sie wegen ihrer Nachbarschaft die meisten Lebens-
mittel für die Weissen und die bei den Eingeborenen so beliebt gewordenen Hartbrote und
Fleischkonserven (vgl. S. 83) liefern. In weitem Abstand folgt Deutschland, das inzwischen
die Vereinigten Staaten überflügelt hat. Die Ausfuhr dagegen liegt infolge des entschiedenen
Überwiegens der deutschen Pflanzungen verwaltend in deutschen Händen, wie überhaupt die
Inselgruppe schon lange vor ihrer endgültigen Besitzergreifung wirtschaftlich in engsten Beziehungen zu Deutschland stand.

an Harz-, Parfümerie- und heilkräftigen Gewächsen ist Überfluss vorhanden, und die Verarbeitung der in vielen Pflanzen reichlich enthaltenen ätherischen Öle dürfte ebenfalls erfolgversprechend sein. Endlich darf man annehmen, dass auch der Urwald eine Anzahl gut verwendbarer Nutz- und Bauhölzer birgt, an deren Verwertung bei den heutigen mangelhaften Verkehrsmitteln allerdings noch nicht zu denken ist.

Die grösste Zukunft hat indes die Kakaokultur, da Samoa wegen seines fruchtbaren Verwitterungsbodens und seines feuchtwarmen Klimas mit den besten Kakaoländern der Welt wetteifert. Da auch der Kakaoverbrauch stetig zunimmt — in Deutschland ist er in der Zeit von 1870—1900 von 0,05 kg auf 0,28 kg für den Kopf gestiegen, und der Wert der in Deutschland verarbeiteten Kakaobohnen beträgt gegenwärtig 28 Millionen Mark —, so haben nicht bloss die auf Samoa thätigen Pflanzungsgesellschaften den augenblicklich sehr lohnenden Kakaobau in grösserem Umfang aufgenommen, sondern 1902 hat sich ausschliesslich zum Zweck der Kakaokultur die deutsche Samoa-Gesellschaft gebildet.

Die günstigen Aussichten und das immer mehr wachsende Interesse für Samoa locken Ansiedelungslustige, darunter nicht zum wenigsten Deutsche, in zunehmender Zahl auf die Inselflur, die noch Tausende von Hektaren unbenutzten, aber anbauwürdigen Landes umschliesst. Ist doch erst der dreissigste Teil des überhaupt benutzbaren Landes in Arbeit genommen worden. Für unternehmungslustige, tüchtige Kolonisten bietet sich hier noch ein weites Feld erspriesslicher Thätigkeit, aber nur für solche, die über genügende landwirtschaftliche Kenntnisse und über ein kleines Kapital verfügen. Denn gerade die Anfänge der Plantageneinrichtung, die Rodung des Urwaldes und das Reinhalten der jungen Pflänzlinge vom üppig wuchernden Unkraut, sind schwierig, mühsam und kostspielig, und die ersten Erträge sind beim Kaffee und Kakao nicht vor vier bis sechs Jahren, bei der Kokospalme nicht vor dem achten Jahre zu erwarten. Um einer ins Ungemessene gesteigerten Bodenspekulation von vornherein einen Riegel vorzuschieben, wie sie früher in hoher Blüte stand, hat das Gouvernement die weise Bestimmung der Samoa-Akte bestehen lassen, nach welcher die Eingeborenen ihr Land nicht mehr an Fremde veräussern dürfen. Denn wenn ein Samoaner sein Grundeigentum verkauft hatte, so pflegte er den Erlös so schnell als möglich durchzubringen und dann in seiner Unkenntnis über Verträge das Land zurückzuverlangen. Ob freilich dieses Verbot dauernd aufrecht erhalten werden kann, ist eine andere Frage. Denn die Samoaner sind nicht im stande, alles Land zu bearbeiten, und im Interesse der Kolonie kann man nicht zugeben, dass der grösste Teil des kulturfähigen Bodens brach liegen bleibt.

Das in Kultur genommene Land umfasst heute etwa 7500 ha, von denen über 4000 ha mit den Kokosplantagen der Deutschen Handels- und Plantagengesellschaft für die Südsee bedeckt sind: eine erstaunliche Leistung, wenn man die immer schwieriger werdende Arbeitergewinnung und die schweren Schädigungen bedenkt, denen die Pflanzungen durch die unaufhörlichen Wirren der letzten Jahrzehnte ausgesetzt waren (vgl. S. 88). Die Sicherheit des Lebens und Eigentums, welche die Mission angebahnt hatte, und die Leichtigkeit des Grunderwerbs lockten viele Fremde auf die Inselflur, die später der Mittelpunkt für die weit ausgedehnten Unternehmungen des mit der Begründung des deutschen Südseehandels und der wissenschaftlichen Erforschung des Pacifik untrennbar verbundenen Hamburger Hauses Godeffroy wurde. In der richtigen Voraussicht, dass der Wettbewerb nicht ausbleiben würde und dass die Zukunft des Geschäftsbetriebes nur durch die Entwickelung des Plantagenbaues gesichert werden könnte, erwarb die Firma, eine der grossartigsten und genialsten der Welt, die zeitweilig 32 Schiffe im Stillen Ozean laufen liess, auf Upolu und Sawaii umfangreichen Landbesitz, der nach dem beklagenswerten Zusammenbruch des in der Vereinigung kaufmännischen und wissenschaftlichen Geistes einzig dastehenden Hauses 1880 an die Deutsche Handels- und Plantagengesellschaft für die Südsee überging. Die neue Eigentümerin, deren weit verzweigte Handelsbeziehungen sich auf zehn Inselgruppen und sieben Einzelinseln mit über fünfzig Stationen verteilen, hat Samoa als Mittelpunkt beibehalten und den Pflanzungsbetrieb so gefördert, dass er samt allen seinen technischen, maschinellen und Wohlfahrtseinrichtungen für die gesamte Südsee vorbildlich geworden ist. Der ganze Besitz ist eine Musterwirtschaft. Stundenlang fährt man auf guten Wegen durch die einem wohlgepflegten Park vergleichbaren Kokoshaine, grosse Viehherden halten den Grund von Unterholz und Unkraut frei, und zahlreiche Stationen sind über die drei Hauptpflanzungen Vailele, Vaitele und Mulifanua verteilt.

Leider steht auch hier die brennende Arbeiterfrage einer gedeihlichen Entfaltung der trotz ihrer Kleinheit so reichen und vielversprechenden Inselflur entgegen und verlangt dringend nach einer befriedigenden Lösung. Weil Meer und Boden den Eingeborenen alles das, was sie zu ihrem bescheidenen Lebensunterhalt brauchen, freiwillig und ohne sonderlichen Gegendienst in den Schoss werfen, so sind sie zu anhaltender, anstrengender Thätigkeit zu faul geworden und haben

die segensvolle Notwendigkeit des Arbeitenmüssens niemals kennen ge-
lernt. Allerdings hängen die Samoaner mit Liebe an ihren kleinen
Pflanzungen und haben am Handel mit ihren Erzeugnissen reges Interesse.
Aber von den Fremden fordern sie selbst für die geringste Gegenleistung
die unerhörtesten Preise, und wenn sie sich einmal zur Arbeit entschliessen, so lassen sie dieselbe liegen, wann und wo es ihnen gefällt,
unbekümmert um irgendwelche Verträge. Wohl ist es geschickten An-
siedlern gelungen, sich einen Stamm erprobter samoanischer Arbeiter zu
sichern. Doch ist deren Zahl noch viel zu klein, und die aufgewendeten
Kosten sind viel zu hoch, als dass diese Hilfskräfte für einen Plantagenbau grossen Massstabes in Betracht kommen könnten.

Da man aber mit der Anlage von Pflanzungen nicht so lange warten
kann, bis die Eingeborenen willige, zuverlässige Arbeiter geworden sind,
und da man auf der anderen Seite der Arbeitskräfte notwendig bedarf,
so muss man sich nach anderweitigen Bezugsquellen umsehen. Obenan
stehen die Bewohner der Melanesischen Inselflur, deren die Deutsche
Handels- und Plantagengesellschaft auf Samoa jährlich 600—1000 beschäftigt. Sie haben sich um so brauchbarer erwiesen und waren um
so leichter zu gewinnen, eine je bessere Behandlung sie erfuhren. Die
Arbeiter z. B., welche die Deutsche Handels- und Plantagengesellschaft
auf den Salomonen und dem Bismarck-Archipel angeworben hatte, waren
bei ihrer Ankunft mager, stumpfsinnig und von Hautkrankheiten ent-
stellt. Als sie nach dreijähriger Dienstzeit zur Entlassung kamen, sahen
sie dank zweckmässiger Unterbringung und reichlicher Verpflegung wohl-
genährt, kräftig und selbstbewusst aus, und viele schlossen sofort einen
neuen Vertrag ab, zumal es ihnen gestattet wurde, ihre Familien zu sich
zu nehmen. Leider gestaltet sich die Anwerbung immer schwieriger,
weil auch die andern Südsee-Inseln in steigendem Masse auf melanesische
Arbeitskräfte angewiesen sind und weil trotz aller Vorsicht viele von
ihnen in der Fremde zu grunde gehen oder Krankheiten mit nach Hause
bringen, so dass die Entvölkerung Melanesiens sichtlich fortschreitet.
Die Küstendörfer der Salomonen und des Bismarck-Archipels vermögen
bei der gesteigerten Nachfrage schon nicht mehr genug Arbeiter zu
liefern, und die in den Urwäldern des bergigen Innern versteckten Ortschaften sind bei der Anwerbung nicht zu erreichen.

Man hat deshalb daran gedacht, malayische, insbesondere javanische
Kulis einzuführen. Da jedoch auf den Sunda-Inseln selbst eine starke
Nachfrage herrscht, welche die wirklich brauchbaren Arbeiter im Land
hält und nur die schlechten, wenig brauchbaren Elemente an die fremden

Kolonien abgiebt, so bleibt nichts übrig, als die viel angefeindeten Chinesen nach Samoa zu bringen, die leicht und in Menge zu haben sind. Die demoralisierenden Folgen einer chinesischen Einwanderung und die durch sie heraufbeschworene Gefahr der Einschleppung des Aussatzes sind nach dem Urteil erfahrener Kenner bei sorgsamer Überwachung und Untersuchung der Einwandernden keineswegs so schlimm, als sie für gewöhnlich hingestellt werden. Denn neben vielen Untugenden hat der Chinese auch viele gute Eigenschaften, unter denen Anspruchslosigkeit, Arbeitsfreudigkeit und Gewandtheit, die ihn zum Landarbeiter ebenso geschickt macht wie zum Viehzüchter, obenan stehen. Für den Kaufmann könnte der geriebene chinesische Händler allerdings ein nicht ungefährlicher Nebenbuhler werden. Dieser Möglichkeit lässt sich indes auf gesetzlichem Wege entgegentreten, indem die Niederlassung chinesischer Kaufleute und die dauernde Ansiedelung chinesischer Einwanderer überhaupt verboten wird. Der verstorbene Otto Ehlers hat auch den Vorschlag gemacht, japanische Kolonisten, die sich auf Hawaii vorzüglich bewährt haben, nach Samoa zu rufen. Da sie aber wahrscheinlich schwer zu haben sein werden, so liesse sich endlich in Erwägung ziehen, ob man nicht diejenigen farbigen Arbeiter gewinnen könnte, die durch Gesetz aus Queensland ausgewiesen sind und deren Eingabe, dort bleiben zu dürfen, abschlägig beschieden wurde.

Um der Spekulation vorzubeugen, hat das Gouvernement das Werbegeschäft in die Hand genommen und beabsichtigt, zunächst chinesische oder javanische Kulis nach Samoa kommen zu lassen. Die Regierung hat damit aufs neue dargethan, wie sehr sie sich ihrer Pflichten bewusst ist. Ebenso hat sie zur Erleichterung des Plantagenbetriebes schwer zugängliche Gegenden durch Weganlagen erschlossen und zwar ohne besondere Kosten und fremde Hilfe, lediglich mit Unterstützung der Samoaner. Eine weitere Neuerung ist die Gründung eines Gouvernementsrates, der als ein beratender Ausschuss von sieben kaufmännischen und landwirtschaftlichen Mitgliedern aus dem Kreise der Kolonisten dem Gouverneur zur Seite steht und die Aufgabe hat, zur Hebung des Handels und der Landwirtschaft die Regierung von Vorschlägen und Anregungen seitens der weissen Ansiedler zu unterrichten.

Über den Angelegenheiten der fremden Bevölkerung hat man aber auch die Wohlfahrt der Eingeborenen nicht vergessen. Im Gegenteil, die Regierung betrachtete es als eine ihrer ersten und vornehmsten Aufgaben, die durch den ununterbrochenen Kriegszustand erregten und verbitterten Gemüter zu beruhigen und zu versöhnen. Hierbei musste sie mit diplomatischem Geschick und ohne fühlbaren Druck vorgehen, weil ihr besondere Machtmittel nicht zu Gebote standen. Trotzdem hat der neue Gouverneur Dr. Solf dank seiner Umsicht und Erfahrung und dank der berechtigten Rücksichtnahme auf Sitte und Brauch der Eingeborenen unter geschickter Benutzung und gleichzeitiger Entkräftung der bestehenden Parteiverhältnisse mit gutem Erfolg die friedliche, gedeihliche Entwickelung Deutsch-Samoas in die Wege geleitet. Die Entwaffnung der kriegerischen Samoaner, die kein gewaltsamer Eingriff zur Herausgabe ihrer Feuerwaffen und zum Gehorsam zu zwingen vermochte, hat er 1901 ohne Schwierigkeiten und fast vollständig durchgeführt. Die Eingeborenen lieferten gegen eine nicht allzu reichlich bemessene Geldentschädigung ihr kostbarstes Gut, die Gewehre, freiwillig ab, so dass, wenn der immer noch versuchte Waffenschmuggel unterdrückt werden kann, die ewigen Stammesfehden hoffentlich dauernd ein Ende gefunden haben.

Das zweitwichtigste Vorkommnis, zugleich ein neuer Beweis für die rasche Festigung der deutschen Herrschaft, ist die Abschaffung der samoanischen Königswürde und damit die Beseitigung der blutigen Parteizwistigkeiten gewesen, die vor und nach den Königswahlen zwischen den verschiedenen Nebenbuhlern und ihrem Anhang ausgefochten wurden. Statt der Königswürde ist die neue, vom deutschen Kaiser zu besetzende Stellung eines Alii Sili oder höchsten Herrn geschaffen worden, deren Inhaber als Mittelsperson zwischen dem Gouverneur und den Eingeborenen steht, der aber, da er kaiserlicher Beamter ist und als solcher bezahlt wird, alle Anordnungen nur auf Befehl des Gouverneurs treffen darf. Weil der ehemalige König Mataafa auf dem Archipel den grössten Einfluss besass, so ist er mit der neuen Würde betraut und nach anfänglichem Widerstreben ein williges, thatkräftiges Werkzeug des Gouverneurs geworden. Da man den Samoanern aus Zweckmässigkeits- und Ersparnisrücksichten die Verwaltung ihrer eigenen Angelegenheiten ganz und gar überlassen hat, so steht dem Alii Sili ein Häuptlingsrat (Faipule) zur Seite. Um die althergebrachten Einrichtungen möglichst zu schonen, sind auch die 11 traditionellen Zusammengehörigkeitsbezirke der Samoaner beibehalten und Bezirkshäuptlingen (Taitai Jtu) unterstellt worden, von denen wiederum die Ortsvorsteher (Pule Nuu) und deren Polizisten (Leoleo) abhängen. Die Verteilung feiner Matten an die Oberhäuptlinge, die Mataafa als Entgeld für seine Wahl zum Alii Sili veranstaltete und die als ein hochpolitischer, aber sehr gefährlicher Staatsakt früher aus Neid und Feindschaft selten ohne ernstliche Verwickelungen abging (vgl. S. 84), verlief unter dem neuen Regiment zum ersten Male in friedlicher Weise.

Ein weiterer Triumph der rasch erstarkten deutschen Herrschaft ist die anstandslos und allgemein erfolgte Zahlung der aus früheren Zeiten übernommenen, aber nie auch nur annähernd entrichteten Kopfsteuer, der sich die Samoaner um so williger fügten, weil sie ausschliesslich zur Bestreitung der Gehälter für die eingeborenen Beamten und zum Besten der Steuerzahler verwendet wird. Auch die Volkszählung, die als wichtige Unterlage für die Kopfsteuer diente, konnte ohne sonderliche Hindernisse abgehalten werden. Zu den bereits bestehenden Steuern ist eine Waffensteuer hinzugekommen. Ausserdem sind die Einfuhrzölle wesentlich, auf 10% des Wertes, erhöht, dafür aber alle Ausfuhrzölle abgeschafft worden.

So ist auch auf Samoa die deutsche Verwaltung einfach, billig und gut organisiert und hat in kurzer Zeit mit geringen Mitteln Bedeutendes geleistet, so dass der Ausblick auf die Zukunft unseres jüngsten überseeischen Besitzes, der eigentlich unser ältestes Schutzgebiet hätte sein können und gleichsam die Wiege unserer Kolonialpolitik war, gewiss nicht unerfreulich ist. Selbst bei nüchternster Berechnung kommt man zu dem Ergebnis, dass sich Deutsch-Samoa wie unser ganzes Südseereich langsam, aber sicher entwickelt und dass es sich in absehbarer Zeit selbst erhalten wird. Ist doch seine Handelsbewegung schon jetzt fast ebenso gross wie diejenige Neuguineas, der Karolinen und Marianen zusammengenommen. Möge der reich gesegneten Inselflur nach langen trüben Zeiten auch fernerhin ein fröhliches Aufblühen beschieden sein. Denn Samoa ist, um mit Ehlers zu schliessen, des Schweisses selbst der Edelsten wert.

Litteratur-Zusammenstellung.

Die in folgenden Zeitschriften enthaltenen Aufsätze sind n i c h t namentlich aufgezählt:

Alldeutsche Blätter. Organ des Alldeutschen Verbandes. Berlin.

Annalen der Hydrographie und maritimen Meteorologie. Berlin.

Ausland, Das. Stuttgart.

Beiträge zur Kolonialpolitik und Kolonialwirtschaft. Herausgegeben von der Deutschen Kolonialgesellschaft. Berlin.

Deutsches Kolonialblatt. Berlin.

Deutsche Kolonial-Zeitung. Organ der Deutschen Kolonialgesellschaft. Berlin.

Export. Berlin.

Globus. Braunschweig.

Internationales Archiv für Ethnographie. Leiden.

Koloniale Zeitschrift. Herausgegeben von G. Meinecke. Berlin.

Mitteilungen von Forschungsreisenden und Gelehrten aus den Deutschen Schutzgebieten. Berlin.

Questions diplomatiques et coloniales. Paris.

Der Tropenpflanzer, Zeitschrift für tropische Landwirtschaft. Organ des Kolonial-Wirtschaftlichen Komitees. Berlin.

Zeitschrift für Ethnologie. Berlin.

I. Allgemeines.

K. Andree, Das Erwachen der Südsee. In: Geographische Wanderungen, Bd. 2 (Dresden 1859), S. 308—349.

A. Annoni, I nuovi acquisti coloniali della Germania. L'Esplor. commerciale Milano 1899, S. 330 fg., 363 fg.

M. Brose, Litteraturverzeichnis über die Karolinen-, Palau- und Marianen-Inseln. Dtsch. Kol.-Ztg. 1899, S. 234—235, 241—242, 259—260 (enthält u. a. die spanische Litteratur über die Karolinen und Marianen).

— —, Die deutsche Koloniallitteratur im Jahre 1899. Beitr. z. Kol.-Politik u. Kol.-Wirtsch., Bd. 2 (1900/01), S. 47—51.

K. Dove, Wirtschaftliche Landeskunde der Deutschen Schutzgebiete, S. 68—77. Hubertis Moderne Kaufmännische Bibliothek. Leipzig 1902.

R. Fitzner, Deutsches Kolonial-Handbuch. 2. Auflage. Berlin 1901. Bd. II, S. 70—86, 107—127; Ergänzungsband I (1902), S. 39—44, 48—50.

J. Joubert, Les nouvelles possessions allemandes en Océanie. Bull. Soc. d'Études col. et marit. Paris 1899, S. 261 fg.

K. E. Jung, Der Weltteil Australien. Bd. 3, S. 231—280; 4, S. 241—258. Leipzig 1883.

J. F. G. Közle, Neuer Wegzeiger für die Deutschen Schutzgebiete in Afrika, der Südsee und Ostasien, S. 79—106. Stuttgart 1900.

G. Meinecke, Die deutschen Kolonien in Wort und Bild, S. 87—95. Leipzig 1899.

C. Meinicke, Die Inseln des Stillen Ozeans. 2 Bde. Leipzig 1888.

W. Sievers, Australien und Ozeanien. 2. Auflage. Leipzig und Wien 1902.

A. Seidel, Deutschlands Kolonien. Koloniales Lesebuch für Schule und Haus, S. 251—284. Berlin 1902.

A. Tromnau, Japan und die deutschen Interessen in der Südsee. Ztschr. f. Schulgeogr. 1900, S. 129—135.

E. Zimmermann, Die Bedeutung der neuen Erwerbungen in der Südsee. Dtsch. Wochenblatt 1899, S. 1077.

II. Karolinen und Marianen.

A. Bastian, Die Religion der Palauer. Berlin 1882.

— —, Die mikronesischen Kolonien aus ethnologischen Gesichtspunkten. Berlin 1900.

M. de Bérard, Note sur les îles Mariannes, Carolines et Palaos. Bull. Soc. Géogr. Comm. Paris 1899, S. 34 fg.

R. v. Bieberstein, Der Wert der Karolinen. Gegenwart 1899, S. 369—370.

F. Blumentritt, Die spanischen Ansprüche auf die Karolinen. Mtlgn. K. k. Geogr. Ges. Wien 1885.

— —, Die Marianen und Karolinen. Daheim 1899, S. 684—687.

A. v. Chamisso, Reise um die Welt in den Jahren 1815/18. Chamissos Werke, 2. Bd. Elberfeld, o. J.

F. W. Christian, The Caroline Islands. Scott. Geogr. Mag. 1899, S. 169 fg.

— —, Exploration in the Caroline Islands. Geogr. Journal 13 (1899), S. 105—136.

— —, The Caroline Islands. London 1899.

A. Daiber, Eine Australien- und Südseefahrt, S. 282—307. Leipzig 1902.

F. Delisle, Les îles Mariannes. Bull. Soc. Géogr. Comm. Paris 10 (1888), S. 68 fg.

L. Eisenreich, Aus der Palaugruppe. Gäa 25 (1889).

O. Finsch, Ethnologische Erfahrungen und Belegstücke aus der Südsee. Wien 1893.

O. Finsch, Karolinen und Marianen. Virchow u. Holtzendorffs Smlg. gemeinverst. wiss. Vorträge Heft 331/332. Hamburg 1900.

L. Friederichsen, Über die Ruinen von Naumatal auf der Insel Ponape. Zweiter Jahresb. Geogr. Ges. Hamburg 1875, S. 83—96.

M. Friederichsen, Die Karolinen. Sonderabdruck aus den Mtlgn. Geogr. Ges. Hamburg 17 (1901).

G. Gerland, Die Mikronesier und nordwestlichen Polynesier. Fortsetzung von Waitz, Anthropologie der Naturvölker V, 2. Abtlg. Leipzig 1870.

U. v. Hassell, Die Karolinen-, Marianen- und Palau-Inseln. Allg. Konservat. Monatsschr. 1899, S. 735 fg.

F. Hernsheim, Südsee-Erinnerungen. Berlin 1885.

Die Karolinen. Archiv für Post u. Telegr. 1899, S. 860 fg.

A. Kirchhoff, Sind die Karolinen ein wertvoller Erwerb? Deutsche Stimmen 1 (1899), S. 229—233.

— —, Streifzüge durch den Karolinen-Archipel. Die Natur 1899, S. 532—536.

— —, Umrisse zu einer Landeskunde der Karolinen. Geogr. Ztschr. 1899, S. 545—562.

F. H. v. Kittlitz, Denkwürdigkeiten einer Reise nach dem russischen Amerika, nach Mikronesien und durch Kamtschatka. 2 Bde. Gotha 1858.

J. Kubary, Ethnographische Beiträge zur Kenntnis der Karolinischen Inselgruppe und Nachbarschaft. Berlin 1885.

— —, Beitrag zur Kenntnis der Nukuoro- oder Monte Verde-Inseln (Karolinen-Archipel). Mtlgn. Geogr. Ges. Hamburg 16 (1900), S. 71—138.

— —, Ethnographische Beiträge zur Kenntnis des Karolinen-Archipels. 3 Hefte. Leiden 1889—95.

    Die anderen Arbeiten Kubarys sind meist enthalten im Journal des Museums Godeffroy.

Die Ladronen (Marianen). Dtsch. Rdsch. f. Geogr. u. Statistik 21 (1899), S. 181 fg.

P. Langhans, Karte der deutschen Verwaltungsbezirke der Karolinen, Palau und Marianen. Mit statistischen Begleitworten. Gotha 1899.

A. Marche, Rapport général sur une mission aux îles Mariannes. N. Arch. Miss. sc. et lit. Paris 1 (1891), S. 241—280.

— —, Notes de voyage sur les îles Mariannes. Bull. Soc. Géogr. Comm. Havre 1898/99, S. 49, 65.

W. H. Maxwell, On the Caroline Archipelago. Proceed R. Geogr. Soc. London 1882, S. 92 fg.

Th. Muir, The Caroline Islands. Scott. Geogr. Mag. 1 (1885).

E. Oppermann, Die Karolinen und Marianen. Ztschr. f. Schulgeogr. 20 (1899), S. 321—325.

M. Prager, Reisen durch die Inselwelt der Südsee. Kiel 1899.

A. Renouard, Les îles Carolines. Bull. Soc. Géogr. Lille 4 (1885), S. 468 fg.

S. Ruge, Geschichte der Entdeckung der Karolinen. Allg. Ztg. München 1885, Nr. 324.

A. Schück, Die astronomischen, nautischen und geographischen Kenntnisse der Bewohner der Karolinen- und Marshall-Inseln. Aus allen Weltteilen 13 (1882), S. 51, 242.

J. Servigny, L'Océanie Allemande. Les Carolines, Mariannes, Palaos. Rev. française de l'Étr. et des Col. 24 (1899), S. 400—408. Mouv. Géogr. Bruxelles 1899, S. 341 fg.

K. Semper, Die Palau-Inseln im Stillen Ozean. Leipzig 1873.

H. Singer, Die Karolinen. Globus 76 (1899), S. 37—52.

A. W. Taylor, Les îles Carolines. Paris 1890.

G. Volkens, Einige Ergebnisse einer Reise nach den Karolinen und Marianen. Vhdlgn. des 13. Deutschen Geogr.-Tages. Berlin 1901, S. 167—179.

— —, Über die Karolineninsel Yap. Vhdlgn. d. Ges. f. Erdk. Berlin 1901, S. 62—76.

J. Wheeler, Report of the Island of Guam. Washington 1900 (Auszug in: Beitr. z. Kol.-Politik u. Kol.-Wirtsch. 3 [1902/3], S. 6—9).

A. Wichmann, Die Mapia- oder Bunai-Inseln. Geogr. Mtlgn. 1900, S. 66—69.

III. Samoa-Inseln.

A. Bastian, Die Teilung der Erde und die Teilung Samoas. Berlin 1899.

R. Deeken, Manuia Samoa. Reiseskizzen und Beobachtungen. Oldenburg 1902.

O. Ehlers, Samoa, die Perle der Südsee, à jour gefasst. Berlin 1895.

Die Generalakte der Samoa-Konferenz, mit einer Karte der Samoa-Inseln. Berlin 1899.

100 Tage auf den Samoa-Inseln. Deutsche Marinezeitung 1899, S. 326 fg.

A. Krämer, Die wirtschaftliche Lage auf Samoa und in der umgebenden Südsee. Geogr. Ztschr. 1899, S. 489—508.

— —, Die angeblichen Hebungen und Senkungen in Samoa. Geogr. Mtlgn. 1900, S. 8—12.

— —, Die Samoa-Inseln. Entwurf einer Monographie mit besonderer Berücksichtigung Deutsch-Samoas. Bd. 1. Stuttgart 1901.

G. Kurze, Samoa. Das Land, die Leute und die Mission. Berlin 1900.

C. Marquardt, Zur Lösung der Samoafrage. Berlin 1899.

— —, Der Kampf um und auf Samoa. Berlin 1899.

— —, Die Tätowierung beider Geschlechter auf Samoa. Berlin 1899.

F. Reinecke, Die Flora der Samoa-Inseln. Englers Bot. Jahrbücher, Bd. 23, Heft 3 (1896); Bd. 25, Heft 5 (1898).

— —, Samoa. Süsseroths Kolonial-Bibliothek, Bd. 3/4. Berlin 1902.

Samoa. Freimütige Äusserungen über diplomatische und völkische Weltpolitik. Berlin 1899.

M. Schanz, Australien und die Südsee. Berlin 1901, S. 209—259.

R. Schmidt, Deutschlands Kolonien, Bd. 2, S. 413—429. Berlin 1895.

G. Wegener, Samoa, Land und Leute. Ztschr. d. Ges. f. Erdk. Berlin 1902, S. 411—419.